シリーズ教師のしごと

3

生活指導と学級集団づくり
中学校

全生研常任委員会 企画
竹内常一 編集代表
照本祥敬・加納昌美 編著

高文研

「シリーズ教師のしごと」刊行の辞

教育基本法が廃止され、新教育基本法が制定され、二〇一五年現在で一〇年を経過することになったが、それで学校は子どもと教師と保護者にとって「幸福追求」の「場」になっただろうか。

最近、ある小学校教師から学年始めの同僚教師たちの動き方を聞く機会があった。

かれによれば、「学年始めの学級担任のしごとは、一人ひとりの子どもによって生きられている生活と学習の現実を知り、その現実をよりよいものに変えたいと願う一人ひとりと子どもと集団のニーズを引き出すことであるはずなのに、いまはまったく違う」。

「教師たちが学年始めにすることといったら、アンテナを高く立て、職場の空気を読み、力関係をおしはかり、足並みをそろえる気遣いをし、力あるものにたいする自分の立ち位置を定めようとすることだ」という。

「しかし、」とかれは言葉をついで、「いちばん困ることは、この教師たちの『関係づくり』のなかで教育実践のすすめかたがなんとなく決まっていくというか、無自覚、無責任に画一化していくということだ。どのクラスの学級目標も同じとなり、教科書、ワークブックの指導の進度も同じでなければならない」ことになる。

最近は、こうした傾向が強くみられるのは「道徳」の授業だ。「もう文科省（文部科学省）は強制しなくても、こうした教師たちからなる学校は文科省の先を行っている」と怒りをにじませて話したが、文科省もこうした教師たちによって「積極的な市民性」などを育てることは不可能だと思っているに違いない。

こうした話を聞いた折も折、教師にたいするふたつの政策が自民党教育再生実行本部と文科省において構想されているという報道に接した。

そのひとつの自民党教育再生実行本部の構想は「教員免許の国家資格化」といわれるものである。それは、大学において教員養成課程を履修した後に国家試験と一〜二年程度の学校でのインターンを経て初めて教員免許状を授与するというものである。

いまひとつの文科省の構想は、小・中・高の教員が段階に応じて身に付けるべき能力を示した「育成目標」をつくり、教育経験や学校内の役割・地位に応じて必要とされる「育成目標」を選択・研修して、キャリアアップしていくことを促すというものである。

二つの教員政策の構想は、改憲のプログラムの具体化に呼応して、学校のあり方、教師のしごとの仕方をこれまで以上に大きく変えようとする「教育改革」の一環である。

その「学校改革」は、一方では、「道徳」「公民」の特別教科化と「ゼロトレランス」の採用、他方では、「授業のスタンダード」と「ビッグデータにもとづく子どもの学習のシステム化」として具体化されつつある。

こうした憲法改正と歩調をあわせた「教育改革」と教員統制のなかで、教師たちは教師としての仕事ぶりを問い、迷い、たちつくす日々を送っているのではないだろうか。それればかりか、教師としてのアイデンティティを根底からゆさぶられているのではないだろうか。

そうした時代を生きる教師の迷い、揺れ、絶望に応えるために、私たちは第一巻『生活指導とは何か』、第二巻『生活指導と学級集団づくり　小学校』、第三巻『生活指導と学級集団づくり　中学校』からなる本シリーズの刊行にふみきった。シリーズの執筆者は全国生活指導研究協議会（一九五九年創立）に属する実践家と研究者であるが、「生活指導」という教師の営みは子どもの生活と生き方の指導をとおして学校と教師のあり方を問いただし、子どもたちが自分たちの未来を切り拓くことに責任を負う実践であるところから、本シリーズのタイトルをあえて『教師のしごと』とした。寛恕されたい。

編集代表　竹内　常一

まえがき

新自由主義が私たちの生活に入り込んで久しい。学校教育においても、教師や子どもに「自己責任」を負わせることが当たり前のようになりつつある。教師自身も日々さまざまな仕事を消化することに精一杯で、新自由主義が自分たちに何をもたらしているのか考えることも、これに違和感を覚えることもないような状況が広がっているように映る。

新自由主義は教育と学校をどこに向かわせようとしているのか。全生研（全国生活指導研究協議会）第五十六回全国大会基調報告（二〇一四年）は、教育基本法「改正」時の焦点の一つであった新自由主義の教育政策のねらいをつぎのように指摘している。

それは、「教育の目標」条項にみられるような新保守主義的な道徳規範を内面化した従順な「規律主体」に子どもを教育することもさることながら、それ以上に市場的・競争的な原理を内面化して、自分自身の人的能力の向上を排他的に追求する「競争主体」に子どもを教育することである。

一方、子どもたちの生活現実には、「貧困」問題に由来する困難や課題を抱えたり、競争と管理統制のもとで自分らしく生きることへの不安や葛藤を抱えるなどの生きづらい状況が蔓延している。いや、子どもだけではない。私たち教師も、生きづらさを抱えているのは同じである。とりわけ中学校では、異常ともいえる多忙化のなかで競争と管理統制の学校体制に埋没し、子どもたちと人間的に出会い、かれらと共に未来への希望を紡いでいく教育を実践することができずに苦しんでいる教師も多い。

しかし、若い世代の命と成長を育んでいく人間教師としての感覚は、けっしてごまかすことができない。むしろ、困難な状況であるほど、子どもたちと共にゆたかに生きようという熱い思いが、みずみずしく湧き起こってくるものである。

子どもたちの声を聴き取り、かれらの苦悩や葛藤をみつめ、その背景を探りつつ、共にゆたかに生きることの価値を追求している教師も多くいる。こうした教師の実践は、時として、子ども集団だけではなく、教師集団をも変えていく。そして、学校のなかにほんものの民主主義を誕生させる。また、地域のなかにも、子どもたちの人間的成長や発達を励ます新たな息吹を芽生えさせる。

本書、教師のしごと第三巻『生活指導と学級集団づくり　中学校』は、保護者、地域社会や専門機関との関係をつくりながら、子ども一人ひとりの人間的な成長と発達、人格的自立を励ます教師たちのしごとを記録している。私たち教師がいま最も大事にすべきものは何なのか――生活指導と集団づくりという視角から、読者のみなさんと一緒にこの問いを共有し、考えていきたい。

二〇一五年八月

加納　昌美

●——もくじ

II 行事をとおして集団を育てる

III　対話と応答のなかに指導を確立する

実践記録　直之は本当にいいやつなんです　（河瀬　直）

V　進路をみつめ、進路を拓く

実践記録　俺の人生ゎここから

(伊吹　望)

章扉イラスト・カット：なるせ　ようこ

I

中学校の教育課題と生活指導、集団づくり

照本　祥敬

1　中学生の発達と自立をめぐる困難な状況

(1) 中学生の発達特性と発達をとらえる視点

中学生の発達段階は、思春期から青年期に区分される。心理学では、一括りに青年期とされることもある。では、この時期の発達特性はどういうものか。

多くの場合、思春期・青年期は、子どもとおとなの中間あるいは境界に位置する不安定な時期であると説明される。性的成熟を伴う身体の変化を経験しつつ、「子ども」から「おとな」へとなりゆく作業を開始するこの時期は、以前に比べて他者の眼に映る自分への関心が強まる。と同時に、自分自身の価値基準をもち、これにもとづいて行動したり、他者との関係を築いたりするようになる。それだけに、自己の内面世界と他者を含む現実世界とのあいだで葛藤や緊張を抱えながら、おとなからの心理的離乳＝人格的自立に挑んでいく不安定な存在となるのである。(注1)

こうした思春期・青年期の特性をふまえ、とくに青年期の入口に位置する中学生の発達と自立にかかわって重要とされるのは、①おとな（おとな社会が課す価値や規範の枠組み）への反抗や批判を経ての心理的離乳の達成、②この心理的離乳の作業を励まし、互いに支えあおうとする同世代の仲間との信頼関係の形成、③こうした関係性を構築する基盤となるような自主的、自治的な活動経験の保障、といった視点である。

ただし、現代では、発達段階についての一通りの理解では十分にとらえきれない状況も広く認められる。少年期的な活動世界を十分にくぐらずに思春期に突入している子ども。なかには、遊び仲間をはじめとする同世代集団との交流をほとんど未体験の中学生もいる。また、青年期においても幼児性を引きずっているかのような若者や、反抗期とも呼ばれる思春期を素通りしてきたかのような「従順な」若者の姿も、けっしてめずらしくはない。さらに、性的成熟について考える際にも、伝統的な「男／女」の枠組みに縛られるのではなく、性の自己決定をめぐる多様性を尊重することが求められている。それゆえ、こうしたアンバランスな発達状況や、「性」の多様性の承認という社会的了解をふまえながら一人ひとりの発達課題、自立課題の内実をとらえていく必要がある。

生活指導は、自治的な集団活動の展開をとおして、他者—世界（社会）—自己の新たな関係の構築を促しつつ、青年期の人格的自立の作業を励ましていこうとする。子どもたちは、おとなを含む他者ときり結んでいる関係を質的に更新しながら、世界や自分自身との新たな関係を築いていく。そして、他者や世界との新たな関係の構築を追求するなかに、〈新しい自己〉を誕生させる。集団づくりは、こうした自治的活動の展開を軸に、一人ひとりの人格的自立を励ます教育活動なのである。

集団づくりにおいて強調したいのは、一人ひとりの発達や自立のありようを固定的かつ個人的なことがらとしてみるのではなく、学校を含む現実社会との関連においてとらえる姿勢である。個別具体的な存在としての子どもの発達をとらえるとは、一人ひとりの発達的特徴をかれらが生きている現実世界と切り離して理解することではない。そうではなく、他者や周囲の世界との関係性において理解することを意味する。たとえば、発達障がいと診断されるケースにあっても、家庭や学校での実生活の文脈にそくして、その子が抱えている困難や課題をできるだけ具体的に把握することが求められる。そうすることで、集団生活や交友関係における配慮の必要性や支援の方法を明らかにできるからである。このように、子どもが生きている生活現実の具体的中身を問いつつ、一人ひとりの発達や自立の実相をみつめることが重要なのである。

(2)「発達の早期化」と「中1ギャップ」?

発達や自立の姿を現実世界との関連においてとらえる必要性を指摘したが、とりわけ「制度としての学校」のありようやこれを規定する教育政策の中身についての検討は不可欠といえる。検討する素材の一つとして、「発達の早期化」や「中1ギャップ」をめぐる論議に目を向けてみよう。

中央教育審議会の初等中等教育分科会・小中一貫教育特別部会は、「小中一貫教育の制度化及び総合的な推進方策について(審議のまとめ〈案〉)」(二〇一四年一〇月)のなかで、子どもの「発達の早期化」や「中1ギャップ」と呼ばれる問題などへの対応策として、小・中一体型の「小中一貫教育学校」と小・中連携型の「小中一貫型小学校・中学校」（いずれも仮称）という新たな学校種の創設を提起している。「九年間の一貫した教育を行う」ための制度設計だというが、これが実行されれば、学校制度は小学校の段階から一般の小学校（中学校）、小中一貫教育学校、小中一貫型小学校（中学校）の三つのタイプに区分される。これは、「学力」の差異や「教育」に費やせる家庭ごとの経済的格差をより鮮明に浮かび上がらせるだけでなく、その固定化を図るものとなる。

さて、この制度設計の理由とされる「発達の早期化」と「中1ギャップ」であるが、いずれも根拠薄弱と言わざるをえない。まず、「発達の早期化」についてであるが、身長や体重の伸び並びに性的な成熟の発達加速は一九六〇年代以降から続く現象とされ、その主要因として生活水準の向上による栄養状態の改善が指摘されている。近年になって急に発達が早期化したわけではないのである。

つぎの「中1ギャップ」であるが、国立教育政策研究所の生徒指導・進路指導研究センターが公開した「生徒指導リーフ『中1ギャップ』の真実」（二〇一四年四月）には、つぎのように記されている。

『中1ギャップ』の語は、いわゆる『問題行動等調査』の結果を学年別に見ると、小6から中1でいじめや不登校の数が急増するように見えることから使われ始め、今では小中学校間の接続の問題全般に『便利に』用いられています。しかし、いじめが中1で急増するという当初の認識が正しいのか、不登校の中1での増加にしても『ギャップ』と呼ぶほどの変化なのかについては、慎重であるべきです。なぜなら、必ずしも実態を表現しているとは言い切れないからです。とりわけ、その語感から、中1になる段階で突然何かが起きるかのようなイメージや、学校制度の違いという外在的要因が種々の問題の主原因であるかのようなイメージを抱くと、問題の本質や所在を見誤り、間違った対応をしかねません」

「実態を表現しているとは言い切れない」とされる文部科学省の「問題行動等調査」にどれほどの意味があるのか？　ここでは問わない。重要なのは、「中1ギャップ」の用語が現状認識や実態分析とは別次元の政治的・政策的な文脈で「便利に」使われている、と警鐘が鳴らされている点である。

「中1ギャップ」と呼ばれる中学校現場が抱える問題群は、「生徒指導リーフ」も指摘するように、小学校からの課題の「積み残し」や「先送り」の側面が強いと考えられる。小学校から中学校への移行期に顕在化するものとして、「いじめ」や「不登校」にくわえ、学校不適応を示す「問題行動」などが注目されやすいが、これらは中学校入学後に突如として現れるのではない。実際に、小学校時代に友人関係をめぐるトラブルや「学級崩壊」を経験した子どもたちが、中学校に入ってから「荒れる」事例は数多い。ただし、だからといって、「制度としての中学校」が無関係であるとは考えない。中学校で問題群が顕在化しやすいのは、そうなる理由があるからである。

(3)「生きづらさ」の根源を考える

これまでもそうであったが、論拠の乏しい教育「改革」は子どもの発達と教育をめぐる諸問題をより一層深刻化させる。今回の「小中一貫教育」構想は、新自由主義の「自己責任」論を基底にした多元的な競争と管理のシステムのなかに子どもたちを包摂する。そして、その内部で学校種別の序列化を通じた分断と排除を進行させる。すでに日本の学校教育の現状は、国連子どもの権利委員会が再三にわたって「過度に競争主義的」であると懸念を表明するほど競争的性格が強い。そうであるにもかかわらず、この構想は、早ければ小学校入学段階から学校タイプごとの競争プログラムを推進しようとしている。

もうすでに、子どもたちは排他的な競争と、この競争秩序への「適応」を強要する管理の体制のなかでもがき苦しんでいる。中央教育審議会が複線化導入の口実にする「いじめ」や「不登校」の問題群は、まさにその端的な現れである。子どもたちは競争のステージから振り落とされないよう「頑張り」続けなければならないことの抑圧感や孤立感を抱える一方で、仲間から排除され、「居場所」を失うことへの恐怖や不安を抱えて苦しんでいる。自分の存在への揺るぎない信頼や生きている喜びを実感することや、ときに不安や苦悩、願いや理想を交流することのできる仲間や集団を切実に求めているにもかかわらず、逆にこうした交流を阻み、他者や自己にたいしても否定的、攻撃的にならざるをえないような競争的日常を生きている。かれらの人間的な成長や発達に否定的な影響を及ぼしているのは、このような生きづらい状況である。

高橋英児は、こうした「生きづらさ」の根源にあるのは「生きがたい」現実であるとしたうえで、それは、①「人間らしく生きるための生活基盤の問題」(「生存」の問題)」、②「自分らしく生きるための『居場所』の問題」(「承認」の問題)」、③「生きづらさ」を加速させる学校空間の問題によって構成されている、と述べる。(注2) 高橋がいうように、「生きづらさ」の根源にあるのは、ときに「健康で文化的な最低限度の生活を営む権利」(日本国憲法第25条)をも脅かすような「生存」にかかわる問題や、他者や社会との関係における「承認」の得がたさという問題である。いや、それだけではない。これら二つの問題が重層的に組み合わさることにより、自分らしい生き方を選択する可能性と余地が極端に狭められていく点を見落とすわけにはいかない。竹内常一が「生き方選択の幅の狭小化ないしは剥奪」と指摘している点であるが、(注3)「生存」や「承認」をめぐる困難さは、そのまま「生き方選択の幅の狭小化ないしは剥奪」という事態に結びつく。

このように考えると、「生きづらさ」は「生存」、「承認」、「生き方選択」の三つの次元にまたがっているといえるが、こうした生きづらい状況を増幅させているのが、高橋が指摘する、新自由主義的な学校空間なのである。

2　中学校教育の現実と課題

(1) 貧困問題と制度としての学校が抱える矛盾

「生きづらさ」は新自由主義による学校システム「改革」により増幅されている。そして、それは、とくに中学校段階においてより切迫した様相を帯びて顕在化しやすい。そうなるのは、みずからの「進路」＝「生き方選択」に直結するものとして日々の競争が強く意識されることによる。このような状況をより先鋭化させているのが、貧困問題である。

こんにちの日本の貧困問題は、「相対的貧困」と呼ばれる。それは、ときに生存を脅かすほどの困窮状態をさす「絶対的貧困」の概念とは区別される。相対的貧困が問題にするのは、さまざまな社会的・文化的な阻害要因が重層的に組み合わさることにより、人間らしく生きることを著しく困難にしている社会の現実である。(注4)

子ども、とくに中学生の「問題行動」の背景に貧困問題があることはよく知られている。実践記録には、経済的な生活の困窮に加え、虐待やネグレクトのケースに限らず、乳幼児期から発達の節目ごとに必要とされる重要な経験を奪われ続けた結果、おとなや社会にたいする基本的信頼と自分にたいする自尊感情をも剥奪されてきたような子どもが、しばしば登場する。自分の存在を承認してくれる他者や社会を奪われてきた子どもたちの多くは、周囲との暴力的、破壊的なかかわりを強める傾向が強いが、そうするなかで、自分らしく生きることをより一層狭める否定的な「学校」体験や「社会」体験を積み重ねていくことになる。青年期の自立の作業、すなわち他者や社会、自己との新たな関係構築を模索しながら「おとな」へとなりゆく作業を開始する中学生の時期にあって、かれらが自立の作業の中核である進路選択の課題と向き合うことは著しく困難になる。進路選択に直結する物質的・経済的条件の脆弱さや進路決定を支えてくれる家族や他者の不在に加え、希望する進路の実現に必要なちからの未獲得…といった問題が一挙に襲いかかってくるからである。

このような生活背景を生き、「問題行動」を繰り返し表出させているような子どもは、競争と管理のシステムが貫徹した制度としての学校において、容易に排除の対象になる。「暴力的な言動で他の生徒の安全を脅かしている」「授業妨害により、多くの生徒の学習権を侵害している」「他の生徒の受験に深刻な影響を及ぼす」といったものが、この排除を正当化する理由である。全国一斉学力調査への対応とゼロトレランス的「強い指導」を〝スタンダード〟に設定するような中学校では、競争と管理の体制に適応できず「問題行動」を繰り返すのは当人の「自己責任」の問題であり、周囲の生徒や学級集団から切り離して厳しい対応をするのは当然だと考えているのだろうか?

こうした発想の学校は、かれらが必要としている教育や指導とはなにかを問うことはしない。なぜ、反抗するのか？　なぜ、授業を妨害するのか？　なぜ、仲間や自分を傷つけるのか？　かれらが抱える「生きづらさ」に目を向けようとはしない。貧困の事実から目を背け、ひたすら競争と管理の体制内に収まらせることだけに躍起になる。結果、貧困問題は隠されるだけではなく、このような学校からの排除を通じて拡大再生産されていく。

(2) 教師としての「生きづらさ」

能力主義的競争と管理の体制に覆われた学校空間では、教育はかぎりなく調教に近づく。ここ数年間の学校現場の、とりわけ中学校の異常な多忙さとその中身の変質が、それを物語っている。数値目標を組み込んだ授業計画書や学級指導計画等々を作成し、目標が達成できたか否かを細かく自己点検する。そして、点検した内容をこれまた文書にして管理職に提出し、「指導」を仰ぐ。日々の活動は、このような業務処理ラインのなかに埋没している。

全国一斉学力調査体制にせよ、ゼロトレランス的「強い指導」の要請にせよ、これらは子どもの人間的成長と発達の保障という教育が担うべき役割を点検可能な個別の数値目標へと切り下げたうえで、この数値目標の達成に邁進することを教師に強要する。たとえば、学力調査結果の都道府県別↓区市町村別↓学校別↓学年別↓学級別の数値が比較され、各段階で平均点を下回る場合には、行政や管理職から業務命令のようなかたちで「特別な対策」を講じるよう迫られる。

「いじめ」や「不登校」などへの対応についても、同様である。

こうしたなかで、教育は子どもを数値目標の達成へと駆り立てる「調教」へと、指導はそのための「業務」へと歪められていく。書類作成とリスク管理が上手な教師＝〝できる教師〟とみなすような風潮が強い学校では、教師自身が競争的個人として子どもや同僚と対峙し、子どもや学級を「あるべき姿」へと調教していくような状況も広がっていよう。

このように考えると、新自由主義の教育統治に苦しんでいるのは、子ども以上に教師であるといえるかもしれない。さきほどの〝できる教師〟とは反対に、こうした「学校」のありように疑問をもつ教師であるほど、子どもたちが必要としている指導や支援を十分に実践できないことへの無力感や罪悪感を蓄積していく。子どもと教育にたいして誠実であろうとする教師たちの「生きづらさ」は、このような日常をとおして増幅されている。

3 「生きづらさ」をこえるために——生活指導、集団づくりの地平へ

(1) 対話と応答の空間のなかに〈教育〉を紡ぐ

しかし、じつは、こうした教師の「生きづらさ」は、いまに始まったことではない。こんにち

の生活指導の源流の一つである戦前の生活綴方教育運動において、当時の教師たちは、極度の貧困にあえぐ子どもと保護者の生活現実を正面から見据えていた。そして、子どもたちを絶望へと押し流そうとする過酷な現実と格闘するなかで、生活をより人間的なものへと変革していく力をかれら一人ひとりに育てる〈教育〉を追求していった。みずからが生きている「生活台」の諸矛盾を深くみつめる「生活知性」と、この「生活台」を人間的なものへとつくりかえていこうとする「生活意欲」を育てる教育を実践していったのである。

現代の子どもと教師が抱える「生きづらさ」を考えるうえで、これら先達が拓いてきた教育と生活指導の思想と実践をどのように発展させていくかが問われていよう。そこで、まず指摘したいのは、子ども一人ひとりが生きている生活現実に目を向け、かれらが発する声や「声」にならない思いを聴き取ることのなかに〈教育〉を成立させていこうとする姿勢である。かれらが生きている現実と正面から向き合うなかで、かれらが直面している困難や課題の本質や構造と、（したがって）かれらが必要としている指導や支援の中身を的確にとらえることが可能になる。

とくに中学生の時期は、学校生活や交友関係をめぐる悩み、親や家族との関係にまつわる葛藤、進路への不安などが思春期特有の不安定さによって表出されやすい。青年期の自立に向けた「新たな自分」を模索しつつも、これまでのように他者や自己との安定した関係をうまく築けずに、周囲にたいして否定的、攻撃的なかかわりをしてしまうことも多い。こうした子どもがなにを必要としているのかを、生活背景もふまえて具体的につかむことが指導の出発点になる。

そのうえで、教師の現実認識や子ども理解の中身を子どもたちの側から問い直す。みずからの認識や理解を、絶えずかれらの「声」や「思い」にくぐらせて検証する。そうすることにより、教師自身の子ども認識、集団認識を批判的に問い直す（深化させる）ことが可能になる。と同時に、子どもたち一人ひとりが自他の必要と要求に気づき、これを集団の必要と要求にまで発展させていく指導が可能になる。困難や課題に気づき、これを自分たちの必要や要求として意識化し、その実現に向けた自治的、集団的な活動に参加するなかで、かれらは他者や集団、自己との関係をつくりかえていこうとする。

このように考えると、子どもと対話し、応答しあうことが指導に不可欠だといえる。たとえば、あるトラブルについて教師は自分の見方や感じ方を子どもたちに伝える。しかし、その見方や感じ方が子どもたちのそれとは異なる場合もある。また、実際は、子どもたちのなかにも、さまざまな見方や感じ方があるはずである。それゆえ、教師のとらえ方にたいする子どもたちの異議申し立ても含め、自分とは異なる他者の声（内なる声も）を聴き取ろうとする姿勢が重要になる。でなければ、対話と応答は生まれない。教師は〈他者としての子ども〉の声に耳を傾け、この声に応答することをとおして、かれらが生きている現実と、かれらの願いや思いと出会うことができるのである。

こうした対話と応答によって、教師の現実認識や子ども理解が鍛えられると同時に、両者のあいだに教育的な信頼関係が築かれていく。自分の存在が認められていることへの確信と、自分自身の成長や発達への希望や見通しが育っていくなかで、子どもたちも指導者としての教師の存在を認めていくからである。こうした相互承認にもとづく信頼関係が、子どもと教師がそれぞれの「生きづらさ」をこえて、互いが必要としている〈教育〉を共同で紡いでいく基盤になるのである。

(2) 自治と学びの追求――集団づくりがめざすもの

対話と応答をとおして信頼関係を築いていく必要性について述べたが、さらに、このような関係を教師と子どものあいだだけでなく、子ども相互や子ども集団のなかに誕生させていくことが求められる。そうでなければ、学級や学校は子どもたち一人ひとりの居場所となることができない。一人で抱え込んでいる苦悩や不安をみずからの「思い」として語れるように励ましあう関係や、生きづらい現実を共に生きる仲間として応答できる関係をどう育てるのか。この点に、民主的、自治的組織としての集団の発展の追求と並ぶ、集団づくりの重要なテーマがある。集団づくりは、学級活動や行事などの公的、共同的な活動に取り組むなかで民主的、自治的組織の成員にふさわしい相互関係や個人と集団との関係を経験させていく。と同時に、こうした経験を基盤にして、子どもたちが親密かつ信頼しあう仲間としてかかわりあうように促していこうとする。

集団づくりは、これらのテーマに迫るために、自治的活動と自他の生活現実についての学びを重視する。自治的活動と学びの経験が他者や社会、自己との関係を発展させる土台になると考えるからであるが、その具体的な取り組みが生活と学習の民主的共同化である。

現代の子どもたちの生活と学習は、競争と管理が支配的な秩序となるなかで、否応なく個人主義化、個別化されている。生活と学習の民主的共同化は、こうした競争の枠内に閉じた「生活」と「学習」を、自他が必要としている共同的、共生的な活動へと転換していくことをめざす。子どもたちは、この取り組みへの参加をとおして、さまざまな困難を抱える自他の現実と出会い、それぞれの苦悩や願いとの対話をかさねながら、自分たちにとってより価値のある生活と学習をつくりだそうとする。その過程で、かれらは、自治的活動を展開しつつ、対話や討論、討議を通じて、自他や集団の必要や要求の中身を問い、したがって自分たちが実現すべき生活と学習についての学びを継続する。

たとえば、学級活動や行事、授業などの場面で生じる問題やトラブルの本質がなにであるのかを考える。活動への参加に消極的であったり、妨害したりするクラスメイトをどうみるのか。何が彼や彼女をそうさせているのか。同じクラス、同じ班の一員としてどうかかわればよいのか。こうした問いを集団が共有することで、みずからと集団のなかに培われてきた「できる―できない」「強い―弱い」といった能力主義的、排他的な価値観（ものの見方、感じ方、考え方）を相対化していくことができる。と同時に、「よりよく生きたい！」という自他の根源的な願いと出会い、これとの対話と応答を続けながら、新たな生活と学習の創造に参加していくようになる。

集団づくりは、こうした自治と学びの教育をとおして、自他が生きている現実を意味づけなおす作業へと子どもたちを促していく。そうするなかで、互いの人格的自立を励まし、支えあおうとする仲間や集団を誕生させつつ、一人ひとりが他者―世界（社会）―自己との新たな関係を築く発達主体、自立主体となることを追求しているのである。

おわりに

生活指導と集団づくりは、子どもたちの生活現実に根ざす教育をとおして、よりよく生きる権利の実現に向けて現実の変革に能動的に参加していくちからをかれらに育てようとする。中学校の段階にあっては、青年期の自立課題ともかかわって、よりよく生きる権利の主体として現実（社会）を批判的にみつめつつ、〈生存〉や〈承認〉をめぐる自他の必要や要求を実現していく経験を保障することが決定的に重要である。とりわけ現代の貧困問題は、こうした教育の必要性を明確に訴えている。

もちろん、こうした教育を実現するためには保護者や福祉専門分野にいる人びととの協働が不可欠である。子どもたちの生存、発達、教育、幸福追求への権利の実現に取り組む協働への参加は、みずからの教育実践が担っている意味の（再）発見へと誘う。また、〈教育〉の担い手としての自分自身との対話を励ましてくれる。したがって、子どもの生活現実に根ざした教育と福祉のネットワークは、子どもにとってのセーフティネットであるだけでなく、教師にとっても「生きづらさ」をこえるためのセーフティネットになるのである。

【注】

（1）詳しくは、心理科学研究会『中学・高校教師になるための教育心理学〔第三版〕』（有斐閣、二〇一二年）の「第二章　発達」を参照されたい。

（2）高橋英児「第六章　子どもの生活世界と生きづらさ」山本敏郎、藤井啓之、高橋英児、福田敦志『新しい時代の生活指導』（有斐閣、二〇一四年）一二二―一二四頁

（3）竹内常一は、この「生き方選択の狭小化ないしは剥奪」という視角から現代的貧困を問題にしている。『シリーズ教師のしごと　第一巻　生活指導とは何か』（高文研、二〇一五年）七五頁

（4）厚生労働省の統計調査によれば、二〇一二年度の貧困ライン（可処分所得の平均値の二分の一に設定）は年収百二十二万円未満で、子どもの貧困率は16・3％と過去最高値になった。約六人に一人が貧困状態にある。さらに、「子どもがいる現役世帯」のうち「大人が一人」の世帯の貧困率は、54・6％にも達している。

【参考文献】

全生研常任委員会編『新版　学級集団づくり入門　中学校編』（明治図書、一九九一年）

全生研常任委員会編『子ども集団づくり入門』（明治図書、二〇〇五年）
竹内常一『子どもの自分くずしと自分つくり』（東京大学出版会、一九八七年）
中西新太郎『思春期の危機を生きる子どもたち』（はるか書房、二〇〇一年）
日本生活指導学会『生活指導事典――生活指導・対人援助に関わる人のために』（エイデル研究所、二〇一〇年）

Ⅱ

行事をとおして集団を育てる

実践　藤原　洋（岩手）
解説　山本 敏郎

実践記録

「自分たちで決めて自分たちで実行」
――「ダメ学級」からの前進

藤原　洋（岩手）

1　三年二組との出会い

三月、まったく予期しなかった転勤を告げられた。しかも前任校のH中では、二年生の担任を受け持ち、生徒会担当も含め、「この子たちが卒業時に、どんなたくましい姿に成長しているのか？」を思い描きながら、クラス・学年の指導を行ってきたので、ショックを隠しきれないなかでの転勤であった。

Y中に赴任。市内で一番規模の大きな学校である。しかも、引き継ぎで「三年二組担任」と言われ、さらに複雑な気持ちになった。本来であれば、H中の三年担任になっているはずだった。未練タラタラである。Y中は三年生五クラス。中二から中三へ進級するのにクラス替えがなく、それも三つのクラスすべてが、着任してきた先生になるという異常事態。

　四月に入り、初めての学年会の中で、「この学年はひどい！（すでにH中時代に噂では聞いていた）」「小学校の時から問題のある学年だった」「昨年度も、さまざまな問題やトラブルが頻発！」「授業中の立ち歩きは、かなり改善されたが…」「学校の決まりにたいする意識が薄い」「一年生の時は、怖い存在のF先生が一喝しながら学年をまとめてきたので、怖い先生の前では黙る」「藤原先生には生徒指導をしてもらい、学年をまとめてほしい！（一見怖そうに見えるようだが、私はそういうキャラではない！　私にたいするY中の先生方の見方も気になる）」などなど。どんな子どもたちなんだろう？　出会うのが恐怖である。

　赴任一日目。職員玄関前でY中応援団がエールで歓迎してくれた。私にエールを贈ってくれたのが二組のK太。私が顧問をするバスケ部である。これまでの大会でも見かけてきたが、長髪の髪型が坊主になっていて、正直びっくりした。あとで聞いたら、三月下旬の人事異動の新聞発表後、春休みに自分たちで気合いを入れるためにバスケ部全員で丸めたそうである。バスケ部員は、私と出会うことを、とっても緊張していたという（そんなに怖い印象だったのか？）。エールを贈ってくれたK太に、「よろしくな」と近寄って、握手でお礼した。これが、学級との出会いのスタートになった。

　そして五日後、始業式での担任発表、学級開き。学級通信を配って自己紹介しながら、クラスの様子を観察し、質問コーナーをつくったり、教科書配布を手伝ってもらったり、一週間後に出発が迫った東京への修学旅行の取り組み状況を子どもたちから確認したりしながら、あっという間の三十分が過ぎた。初めての出会いなので、静かに私のことを観察していた。どんなクラスでもスタートはさすがに静かである。

学年長からは、三年二組について、あらかじめ次のようには聞いていた。

「先生の受け持つ二組は授業も大変。学級もガチャガチャしていて、しかもリーダー不在で動物園状態（?）。昨年度も合唱コンクールの取り組みはまったく成立しない。『二組はダメだ』と言って、毎日泣きながら生活している女子生徒もいた。おまけに、一学期にいじめ問題があり、真理は教室に入れなくなり、別室で過ごしている。彼女は支援学校への転校を強く望んでいる。学校側もその方向で話が進展しているようだ。クラスには絶対戻りたくないと言っている」。

実際に出会ってみると、課題を抱えた子どもがたくさん目についた。給食時間に登校してきて、用意された給食を食べ、午後の授業中に廊下をうろつく翔太（茶髪にピアスで、学校の追い求める服装とは程遠い状態）がいて、前年度はさまざまな注意にたいして担任や学年の男性の先生に暴力を振るったり、学校で喫煙したり、また、それにくっついて同調した行動をとる子もいた。

お調子者で落ち着きのないバスケ部のK太、人の話をまともに聞けないS人、頼りない委員長のH輝、施設から通う長髪で言動の軽いM規、幼さを残しながら自分の非を認めようとしないR男、スカートを短くして登校するM央、リストカットを繰り返すH香、家庭の経済状況が大変なM咲など、気になる子も多い。また、支援学級から通級を試みるY子（昨年度までは、まったく親学級の活動に参加していない）への配慮も必要である。それにもまして、ガチャガチャした男子の陰に潜むように過ごす女子の暗さも気になる。応援団幹部のN月など、クラスのことを心配する女子もいる。しかし、全体的なトーンは「何をやってもダメ学級」で、あきらめムードである。

2　怒濤の二カ月

(1)「ボールがガラスを割った」

ここから、怒濤の二カ月が始まった。学級がスタートして三日目。修学旅行の準備をしていた放課後、R男が職員室に息を切らして、サッカーの練習着のまま、目を丸くして慌てて駆け込んできた。

R男「先生、先生、大変です。ガラスが割れました」
T「ん？　ガラスが割れた？　それは大変だ。だれもケガはなかったのか？」
R男「はい、大丈夫です」
T「そうか。ところで、どこのガラスが割れたの？」
R男「はい、サッカー部の部室の窓ガラスです」

T「そうか、そうか。でも自然に割れるわけないよね。で、どうして割れたの？」

R男「(軽快に説明) はい。サッカーボールを蹴ったら、ボールが部室の窓に飛んでいって、窓ガラスを割りました。ボールが割ったんです！」

T「(この時点で、何だ、この子は…) そうか、そうか。サッカーボールが割ったのね。ところで、サッカーボールは勝手に自分で飛んでいくわけないよなあ。だれが蹴ったの？」

R男「(自信満々に) はい、僕です。でもサッカーボールが飛んでいってガラスを割ったんです。本当です (そんなの当然だ！ 現象をピンポイントでとらえると、たしかにそのとおりだ)」

T「わざと部室の窓を狙ってボールを蹴ったわけじゃあないよなあ…。練習していてそういうことは起こりうる！ それは仕方がないことだからね。わざとじゃないんだから、ちゃんと報告して、割ったことについて『すみません』と言ってくれれば、学校で修理するんだよ！ 悪いことをしたわけじゃないんだよ。R男、わかる？」

R男「はい、わかります…。でも本当です。サッカーボールが飛んでいって窓ガラスを割ったんです (ちょっと待て、これはわかっていない！ これまで関わってきた、先生をはじめとするおとなから叱られてきたときに、どうやって逃れるかを、こんな形で身につけてきたのだろう…)」

T「わかった、わかった。まず一緒にガラスを片付けてこよう。それから、副校長先生に二人で報告しに行こう。『練習中に自分が蹴ったボールで部室のガラスを割ってしまった』って話すんだよ」

R男「…わかりました。（自分に問いかけるように）でも、本当にボールがガラスを割ったんだよなあ…」

こんな調子である。小学生でも、もっとちゃんと状況説明ができ、謝り方もわかるはずである。先が思いやられる…。

(2) いろいろな思いを巡らせた修学旅行

四月上旬の修学旅行。学年のアニマルさに驚愕の出発前、そして三泊四日であった。四月のスタート時から、学年集会で静かになることがまずない。これは集団？　それとも群れ？　指示を出すまでにとにかく時間がかかる状態だった。さらに四月に赴任した人間にとって、準備不足が深刻でもあった。ホテルの部屋割りや、新幹線の座席が決まっていない状態。新幹線座席は、どの学校も春休みに業者から割り当てられる。私は残された日々の中で前任校の新幹線座席や部屋割りを作りあげてＹ中に赴任した。結局、Ｙ中の新幹線座席もホテルの部屋割りも、なぜか私が作ることになってしまった。しかも五クラス分。おまけに、他クラスの子どもの名前も顔もわからない状態で、しおりの原稿を作るのに二日間夜中までかかった。

三学期から春休みにかけて、学年の先生方は生徒指導に追われ疲弊していた。この理由が後にわかるようになった。さらに、集合隊形にすばやく移動する練習や、新幹線へのスムーズな乗り降りなどの練習（「行動訓練」と呼んでいる）まで任された。チャンスは一回。集会の状態を見ると、とっても不安であったが、何とか怒らず、怒鳴らず、冗談を交えながら比較的楽しく行動訓練をすることができ、難局を切り抜けた。当日もスムーズに乗車・降車をすることができた。

東京では、当然の結果だと思うが、本当に苦労した。さまざまな指導が必要な四日間であった。ホテルの利用のしかた、食事のマナー、見学地でのマナー、乗り物のなかでのマナー、時間外の部屋の行き来、ホテルを抜け出しての買い食い、持ってきてはいけない物の持ち込みなど、キリがないくらいに出てくる！　しおり学習会の時に話を聞かず、おしゃべりが止まらない集団。ホテルでこれだけ「指導の学年集会」や「個別の指導会」をした旅行も初めてである。

実は、出発二日前に「情けなくて涙が出る瞬間」があった。出発前日に旅行先のホテルに荷物を発送するため、係の子どもが一人ひとりのカバンを開けて「持ち物点検」をおこない始めた瞬間である。「持ち物点検をしなければいけないくらい、信用されていない現状」と「プライバシーも何もあったもんじゃない異様な光景」に、学級が始まって一週間もたたないうちに、目頭を熱くして、現状について帰りの会で熱弁を振るった。出発も目前に迫っており、ゆっくり「この状況をどう思う？　これって本当にいいの？」なんて語りかけている余裕もない。

「今日の学年集会で、各クラスの生活係が、一人ひとりの荷物の点検をおこなったけど、カバンを目の前で開けられて点検される光景を見て、私はとても悲しくなった。係の人たちの点検する様子を見ていたけど、気持ちよく点検している人はいなかった。点検した係が悪い訳じゃない。こうしなければ、みんなが決まりを守れないという現状を踏まえて係で決定したのかな、と私は思った。これまでみんなを指導してきた先生方も、こんな方法を望んではいないはずだ。なぜか？　自分の持ち物を他人が事細かにのぞき込むなんて、たとえ家族でも許されないと思う。そこまでされなければ、きみたちはしっかりとできないのか？　情けない！　この状況を、私は何とか変えたい！　でも、きみたちの意識が変わらない限り、この状況は絶対変わらない。自分たちのことは自分たちでしっかり話し合って決めて、みんなで守れるように努力すれば、こんなことはなくなるはずだ」

短い時間しか許されていなかったので、一方的に、しかも感情的に私から話してしまった。聞いていた子どもたちの表情はさまざまであったが、この話に明らかにうなずく子どももいたので、私自身、これから先暗い未来ばかりではないと感じた。

実際、子どもたちと先生で話し合って決めたことが、どれだけあるのかわからないくらい、子どもたちは修学旅行の決まりを守れなかった。前年の三学期、修学旅行についてさまざまなことを話し合って決めなければいけない時期に、問題行動だらけで、話し合いも何もあったものじゃない状況だったことは学年の先生方から聞いていた。おそらく、持ち物のことも含めて、修学旅行の多くは先生方が決めて、子どもたちに提起したのだろう。

情けない思いや、どうやったらこのクラスが前進していけるかを考えたりなど、いろいろな思いを巡らせながらの複雑な修学旅行の四日間であったが、この時に思った。「修学旅行が終わってからが本当の勝負だ」と。子どもたちの力を信用して、「自分たちで決めたことを粘り強く実行していくことを繰り返すしかない！」。迫ってくる運動会を、出来栄えはともかく、「自分たちの力でつくりあげること」をとことんサポートしていく。結果がどうなろうと子どもたちを信用する。これは担任の思い。子どもたちは優勝・応援賞を目指して取り組む。これは、昨年度縦割りのオールチームでお世話になった先輩たちから引き継いだ伝統らしい。私の我慢が始まった。

クラスの方は、修学旅行の後、四月中旬にやっと班がえをスタートして動き出した（実に、昨年の十一月以来の班がえになるらしい。驚愕である）。班長会を軸にして、日常生活に関わる部分は「班長会」中心に生活の向上へ向けた取り組みを日々繰り返す。並行して運動会の組織を話し合いで決定し、動き始める。

(3) 前進が始まった運動会

運動会。結局は無冠に終わったが、子どもたちは、自分たちで決めたスローガン「天下無敵」のもと、自分たちで苦労して創りあげた応援パフォーマンスに最後まで全力で取り組んだ。また、オールチームの後輩たち（一、二年生）への指導も頑張っておこなった。団長はK太（立候補）。副団長はN月（立候補）。応援パフォーマンス・リーダーには、M央、N菜、M規、陣地絵はK子、

A依、M咲。ガチャガチャしたリーダーの雰囲気とは裏腹に、その他の三年生が応援練習で、全く声が出ない。一、二年生の前で三年生だけ居残り特訓。自信を持って安心して声を出せない雰囲気が気になる。

クラス内の力関係が運動会の取り組みのなかで感じ取れた。昨年は翔太に迎合して、取り組みの悪い雰囲気や学級の雑然とした雰囲気をつくっていたK太に、納得のいかない人たちがいるのだろう。しかしK太も学年が変わり、「前向き」に取り組みたいという思いを持って生活している。それをみんなに伝え続けていかないといけない。そうしなければ、この取り組みは成功しない。K太の頑張りを担任、リーダーが認め、前進的なトーンに進まないと。計画性のない場当たり的な練習や、集団の前でのケジメのない姿などといった取り組みのまずさには多少目をつぶりながら、励ますこと一点に絞り、運動会を終えた。

解団式のK太の涙混じりの一言。

「頼りないリーダーでしたが、みなさんついてきてくれてありがとうございました。来年は是非二冠を獲ってください。三年生のみなさん、厳しい指導をしたこともありましたが、最後はみんな本気で声を出してくれてありがとうございました」

クラスの総括では、「この運動会でクラスが得たものは？」にたいして「本気さ」「クラスの団結」の声が一番多かった。運動会の取り組みをみんなでおこなうために、別室登校をしている真理を誘って陣地絵を作ってくれたK子とA依、パフォーマンス応援を別室で教えてくれたK希と

F華。支援学級のY子を取り組みに積極的に誘ったK太、M規、M央。翔太に参加を働きかけたN月。取り組みのなかで感じていた「声を出せないクラスの雰囲気」や、「どうせこのクラスは何をやってもうまくいかない」ようなあきらめムードは、運動会後の子どもたちの晴れやかな表情、当日の真剣な姿、運動会の個人総括の文章から、かなり払拭できたことを実感した。

K太をはじめとする数名のわがままな言動に振り回され、自分に殻をつくりじっとしてきたその他大勢だったが、今はとくに女子の表情が明るい。修学旅行の時の雰囲気よりは、着実に学級が前進したように感じた。結果的に、真理は応援パフォーマンスには入れなかった。が、陣地の後ろで踊っていた。Y子は一緒に参加して踊ったし、競技にもフル出場した。運動会への参加は実に小学校の低学年以来だそうである。翔太は応援パフォーマンスには参加しなかった。しかし、得意の足の速さを生かして、徒競走と全員リレーで活躍した。クラスみんなで最後の運動会に取り組めたことが何よりだった。

3　文化祭に向けて——合唱コンクール出場するの？

五月半ばに運動会が終わり、三年生は各部とも地区の中学校総合体育大会へ向け「部活動モード」に突入。この間、班は二次班に変わり、班長会は、学級の課題解決に向け「学級目標原案づくり」と、生活課題を解決するための「毎週の生活目標づくり」に取り組んだ。まったくと言っていいほど掃除をしなかった子どもたちが、担任の粘り強い指導で、班で役割分担をしながら取り組めるようになり、反省会も開けるようになった。給食の準備も他人任せにせずに、当番みんなで協力してできるようになってきた。

各部が総力を挙げて取り組んだ地区の中学校総合体育大会が終わり、一学期も終盤へ。いよいよ文化祭の合唱コンクールへ向けた取り組みをスタートする時期になった。四月の引き継ぎ時の話、「合唱が成り立たない」が頭をよぎる。班長会長のN月に昨年の状況を聞く。

N月「去年は本当にひどかった。まず練習が成り立たない。音楽の授業も成立しない（今年度に入っても、音楽はTTとの二人体制でおこなっている。本来、そのような勤務対応ではないのだが、あまりにも授業が成立しないため、苦肉の策だろう）。練習を引っかき回す人たち（翔太、K太、M規、H樹、S人、R男）がいた。というよりは、文化祭の頃の学級は最悪で、翔太が暴れて先生方とトラブルを引き起こしていた。それに便乗して、K太たちも騒いでいた。真理ちゃんにたいしても『きたない』とか『ダサい』とか言っていじめたり…（二学期の途中から教室を離脱）。泣きたくなるような状況だった。結局当日は、悲惨な発表だった」

T「今年はどうだろうねえ？　また、繰り返すのかなあ？」

N月「運動会もみんなでできたし、去年よりはクラスの雰囲気もよくなってきたので…。でも、音楽の授業がひどいからなあ…」

というわけで、合唱コンクールの取り組みを淡々と決めて進めても、現状がそうであれば、運動会のようにはいきそうにない。合唱コンクールの取り組みに対して、まずは担任から話をしなければいけないと感じた。

七月の学活の時間の討議である。

T「今日は合唱コンクールについての話を、私からまずおこないます。昨年の二組の話を聞くと、合唱練習も本番も大変な状況だったそうだけど、どんな状態だったの？」

話もしたくなさそうな、思い出したくもなさそうな重い雰囲気。しかし、こういう時にお調子者のK太が必ず口を開くのが二組。

K太「みんなまじめに取り組みませんでした。そりゃ大変でしたよ！」

K太もその一人。女子は「よく言うよ」というような視線。

R男「おれたち、下手だから。結局本番も全然声出なかった」

周囲のS人、M規など、思い思いにあちこちで話し始める。収拾がつかなくなる…。

本当に下手なんだろうか？　運動会の時のエネルギーや、ふだんの生活のにぎやかさを見ていると、そうは思えない。ちゃんと練習しなかったので、結局本番は自信をもてずに歌えなかったために声が出なかったのだろう、と私は推測した。

実は、四月の引き継ぎ時の話やN月の話のなかで出てくる、昨年の合唱コンクールの取り組みの状況が、二組を受け持った時から頭を離れることはなかった。昨年は、どんな目標を立て、どんな取り組みをしたのか？　やる気はあったのか？　どんなクラスでも何かに取り組むと、さまざまな問題が生まれる。それを乗り越えて、ステップアップするのがクラスである。そんな営みを経験した雰囲気を感じ取れない二組。何となく取り組みを始めても、合唱の取り組みによいイメージが持てないので、昨年と同じことを繰り返すに違いない。

しかし、今年度に入り、運動会や学級内の班長会の取り組みで、自分たちの課題を乗り越える力も多少つき、着実に前進しているのも実感する。取り組みのスタートを大切にしたいので、思い切った発言で揺さぶってみようと考えた。

T「よーし、わかった、わかった。まず一回話すのをやめなさい。…ところで、今年の合唱コンクール出場するの？」

あまりにも唐突な質問過ぎて「えっ？」という表情。

S人「合唱コンクールって、出場しなきゃいけないんじゃないの？」

T「まあ、学校と生徒会が一緒に企画してるので、普通に考えれば出場するよなあ！　でも、きみたちに、ちゃんと取り組む意思がなければ、やったってしかたがない。聴く方も不愉快になるからなあ。その時はしかたがないから、職員会議で、私が『二組は出場しません。認めてください』って頭を下げて頼んでみるしかないなあ」
K太「いや、最後だから出ましょう。運動会で悔しい思いをしたので、次は絶対頑張りたい」
T「でもなあ、ベースになる音楽の授業にちゃんと取り組んでいないんだからなあ、できないんじゃないの？」
K太「（自信ありげに）最近は、O先生（TTの先生）が来てくれて、みんな歌うようになってきてるし、大丈夫ですよ！」
　根拠のない自信である。
T「じゃあ、みんなはどうなの？」
M規「やる。最後だから真面目にやる」
N月「先生、今年はなんとかなりそうじゃないですか？（表情も明るい）」
　昨年は毎日クラスを憂いて泣く日々が続いたN月（母親談）だが、運動会後から、表情もとても明るい。
T「では、合唱コンクールに出たいと思う人、手を挙げて！」
（全員挙手。翔太は欠席。真理は別室。Y子は支援学級で授業）
　今思うと、本当に思いきった発言であった。しかし、みんなで何かをつくりあげる喜びを実感できた運動会を経て前進的なトーンが出てきた二組は、「絶対出場する」と結論を出す確信はあった。学校の決まりや、社会のルールにたいする規範意識が薄い子どもが多い二組だが、自分たちが決めたことには、結構責任を持って取り組むことができることもわかってきた。

「合唱コンクールで最優秀賞を取ること」を目標として掲げて取り組むことはあっても（子どもたちの思いで目標も決まる）、それは本当の目的ではない。私はいつもそれを考えている。取り組むことで、クラスも個人も前進できる、成長できることが大前提である。そうでなければ、この取り組みに価値を見出せない。前任校では、職員や子ども集団の議論のなかで、「コンクール」から「学級、学年合唱発表」に形を変えて、質の高いメッセージ性の強い合唱を、地域や保護者のみなさんに発表してきた。それでもしっかり歌えるのが子どもたちである。

何を目標に取り組むのか？　そのためにどのように自分たちで決めて取り組むのか？

合唱コンクールへの出場は、満場一致で決定した。すぐに議長を登壇させ、合唱取り組みのための「パートリーダー会」を結成することを決め、組織づくりに入った。その結果、以下のように決定した。

リーダー長…K太　副リーダー長…R菜
ソプラノ…F華、R菜（副リーダー長兼務）
アルト…N月、A香
テノール…H輝、K太（リーダー長兼務）
バス…M輝、K介

◎目標

最優秀賞をとれるように、練習を頑張る

◎取り組み方針

リーダーの指示に従う。集中して取り組む。文句を言わない。わがままを言わない。

パートリーダー会では、「リーダーの指示に従わず、勝手なことをしていた人が多い」「歌う気分じゃない、面倒くさい」などという、昨年度の取り組み課題を出しあい、「私たちリーダーも気持ちよく取り組みたい」「最後の合唱コンクールなので、みんなで本気で取り組みたい」「できれば最優秀賞をとり、市の文化センターで歌いたい（最優秀賞をとれば、翌月に市内すべての学校が集まる音楽発表会に学級で出場できる）」という思いを原案に盛り込んだ。

以上の原案を、パートリーダー会で考え、翌日学級会で提案・可決。リーダー会が書記に頼んで、教室に掲示し合唱の取り組みを開始させた。

この間、自由曲については、パートリーダー会で数曲候補を選定し、学級会でみんなで決めることにした。一学期の終わりに決まった自由曲が「想い出がいっぱい」。しかし、二学期に入り、自由曲の練習に入った途端に、「歌っていてつまらない。すぐ音取りできて終わってしまう」という意見が男子から出され、学級会で再度曲について審議した結果、「ＳＴＯＲＹ」に変更になった。夏休みに練習してきたピアノ伴奏のＦ也はブツブツいいながらも、譜面を見て、何とかなるだろうということで、引き受けてくれた。

リーダーのK太が、思いのほか練習を引っ張った。みずから特設合唱部に志願して、夏休みの合唱部練習にも参加し、合唱の楽しさを体感したようである。また、運動会の時のリーダー経験が生きている。本気で取り組む姿に、音楽のK先生も、「二組の授業の取り組み方が変わってきた！」と言うようになってきた（一学期は、毎日のように私は愚痴を言われ続けていた。本来、授業のことは教科担任が責任を持ってほしいのだが、そんなことも言っていられない二組である）。

相変わらず、練習のスタートに時間がかかるのだが、それも徐々に解消されてきた。「集まるのが現実的に無理ならやらなくていいんだよ」と私はアドバイスをしてきたのだが、朝練習にも取り組み始め、最初はリーダーみずからが遅れて登校することもあったが、そんな時は、リーダーにたいしてクラスから批判が出るようになった（運動会の時は、なぜか言えない雰囲気があった）。リーダーも批判を受け入れ、説得力の無い行動にたいして、みんなに謝ることもあった。

やがて時間にみんな揃うようになり、「上手、下手」は別として、歌う雰囲気は出てきた。Y子には今回は女子が誘いに行くようになり、指揮者のM央やリーダーのR菜が率先して支援学級へ誘いに行ってくれた。真理に対しても、K子やA依、さらにH佳やE莉など、声をかけに行く人が増えてきた。真理は壁新聞の製作にも加わり、朝と放課後だけの学級参加から、ついには部分的に教室に入って授業を受け始めた。運動会の時よりも明らかに前進している。

そして、本番。結果として最優秀賞はとれなかったが、コンクール直前の練習の後、スクラムを組んでみんなで「ベストを尽くす勝ち鬨《どき》」をあげ、必死になって歌ったあとの姿には満足感が漂っていた。私にとっては、「出来栄え」や「最優秀賞」なんかよりも「自分たちで決めて、途中いろいろあったけど、あきらめずに最後まで自分たちで実行できた」こと、そして合唱の取り組みをとおしてクラスの絆がさらに深まったこと、Y子や真理へのアプローチを粘り強くおこない一緒に活動できたこと、この取り組みのなかでリーダーがリーダーらしくなってきたこと、リーダーにたいするクラスの仲間の見方が更に変わったことが、これから卒業期に向けた大きな収穫だった。

4　半年の取り組みで得た自信を胸に前進

二組は「ダメ学級」という教師集団の見方や、クラスのなかにも「どうせできない、やらない」という雰囲気があったのが昨年。また、相変わらず「ケジメをつけられない」「授業中の私語」など、さまざまな課題も多いが、最後の中学校生活であるこの一年、自分たちで決めて「やればできる」という実感を少しでも味わうことができたかな、と感じる。日々〝ねじ巻き〟の状態であるが、「教室清掃」や「給食の白衣着用」など、言われなくてもできるようになったことも増えてきた。班長会で話題にしながら、粘り強く取り組んできた成果である。K太への周囲の評価も変わってきた。運動会や文化祭の合唱の取り組みなどでリーダーとして頑張っている姿を見て、「行事後のアンケート」でも、「頑張った人」にK太の名前が一番に挙がった。

　この後、後期の組織で学級が動き始めた。N月が学級委員長に立候補し、クラスに活力が出てきた。また、五次班もスタートした。問題もまだまだ多いが、授業も以前に比べると落ち着きが出てきている。受験があるので、いつまでも以前のままではいられないから当たり前といえば当たり前ではあるが…。クラスが前進的なトーンに変われば、笑顔もあふれる。真理は、すべての授業を教室で受けるようになってきている。二学期中には、完全に学級に復帰し、教室を根拠地として生活を送ることができるように、引き続きサポートの先生と作戦を立てて取り組みたい。卒業文集の制作に入ってきた現在、真理は、「感謝」というタイトルの作文に、「いろいろあったけど、修学旅行や運動会、文化祭など、不安だったけど、みんなと一緒に参加できてよかったです。友達、支えてくださった先生方に感謝します」と書いている。

解説

「自分たちで決めること」にこだわり続ける

山本　敏郎

1　スケジュールの「消化」に終わらせない

四月の修学旅行から始まり、運動会、中学校総合体育大会、そして二学期の合唱コンクールの準備と、中学校の一学期は忙しい。行事はさまざまな教育可能性をもっているが、そういうことを考える間もなく、次から次へ行事のスケジュールをこなさなければならない。たんなるスケジュールと化した学校行事は、学校が企画したとおりに子どもたちを活動させることが目的となってしまっている。

しかしわたしたちは、行事を通じて学校や学級が変わること、子どもたちが大きく成長することも知っている。だからわたしたちは、学校行事をスケジュールとして「消化」しないで、子どもたちの文化的表現の場として、子どもたちが要求を組織し、実現して、集団の主人公へと育つための自治活動の場として位置づけなおしてきた。

2　子どもたちが抱えている課題は何か

子どもたちと出会う前の学年会で「この学年はひどい！」と伝えられ、実際に三年二組と出会ってみると、「何をやってもダメ学級」というあきらめムードを藤原さんは感じている。この子どもたちの背景をつかんで方針を立てる余裕もなければ、何から手をつけていいのか指導の見通しもたたないまま「怒濤の二カ月」が始まる。

修学旅行は始業式の五日後である。出発の前々日のホテルに荷物を送るための事前点検で、持ち物点検係の子どもが一人ひとりのカバンを開けていく。「持ち物点検をしなければならないくらい、信用されていない現状」と「プライバシーも何もあったもんじゃない異様な光景」に、藤原さんは情けなくて涙し、他人のカバンを見るなど許されない、先生たちも点検係もやりたくてやっているわけではない、そうでもしないと決まりを守れない状態を変えたい、と帰りの会で熱弁を振るう。「感情的に私から話してしまった」とあるが、「自分たちのことは自分たちでしっかり話し合って決めて、みんなで守れるように努力すれば、こんなことはなくなるはずだ」と、どうすればいいかの見通しも示している。うなずいた子どもたちは教師にまくし立てられてうなずかざるをえなかったのではなく、示された見通しに納得したがゆえに、うなずいているのである。

「ホテルでこれだけ『指導の学年会』や『個別の指導会』をした旅行も初めて」というほど、決まりを守れない修学旅行を終えた後、藤原さんは決まりを守れない理由について仮説を立てている。「子どもたちと先生で決めたことが、どれくらいあるのかわからない」とあるように、問題行動だらけで子どもたちと一緒にルールを決める余裕などなく、教師たちが決まりをつくった、子どもたちにその必要性は理解されていなかった、だから自分たちで決めることから始めなければならないのではないか、と。

3　自分たちで決める経験からリスタート

藤原さんはこのように考えて「自分たちで決めたことを粘り強く実行していくことを繰り返すしかない！」と決意する。担任の思いをよそに、子どもたちは優勝・応援賞を目指して取り組むことを決めた。学級の状況を分析して、今抱えている課題を明らかにし、課題の克服に向けて取り組むというものではなく、昨年の先輩たちから引き継いだ「伝統的に四冠（競技優勝、団結賞、応援賞、陣地賞）を目指す」風潮のなかで決めたようである。だから藤原さんは優勝・応援賞は無理だと考えている。しかし藤原さんは子どもたちの決定を覆そうとはしない。優勝を目指すのは勝利至上主義だから団結・連帯・協力を目指すべきだと、教師から論戦を挑んで決定をひっくり返す例も多いが、藤原さんはこれも採用しない。藤原さんは、自分たちで決めるという経験のないことが無規律の原因ではないかと分析したのだ。ならば、子どもたちに自分たちで決めることを経験させ、自分たちで決めたことにしたがって行動させ、そのなかで、自分たちの状況を認識したり、関係をつくり直したり、集団の組織性を高めようと構想するのは自然である。また藤原さんが随所で書いているように、子どもが立てた目標（活動目標）とそれをとおして教師が育てたいと考えている目標（教育目標）は異なるものである。

運動会は無冠に終わったが、子どもたちのなかに変化が出始めている。まず、団長を務めたK太と彼を巡る関係である。「アニマル」な状態からリスタートし、前進的なトーンをつくろうとするとき、三年生になって「前向き」になりつつあり、集団のなかに快活さをつくりだす雰囲気をもっているK太は欠かせない。だがこれまで「雑然とした雰囲気をつくりだしていた」K太には従いたくない様子もあるようだ。だからこそ、藤原さんがそうしたように、K太の「前向き」に取り組みたいという気持ちを伝えつつ、「励ますこと一点に絞り、取り組みのまずさには多少目をつぶりながら」、K太のリーダーシップの発揮を教師が支えることが重要になる。

クラスの総括は、「この運動会でクラスが得たものは？」にたいして「本気さ」「クラスの団結」の声が一番多かったとある。自分たちで決めた目標に向かって「本気」で賞をとりにいき、別室登校の真理や特別支援学級のY子を誘ったり、問題行動を繰り返す翔太に参加を働きかけたりしたことを「クラスの団結」と表現したのだろう。真理もY子も翔太も可能な限り参加できている。こうして「あきらめムード」がかなり払拭されている。

4 「本気」と「団結」を子どもたちのものに

七月になると休む間もなく二学期の合唱コンクールについての話し合いが始まる。昨年は、「泣きたくなるような状況」で、「悲惨な発表だった」らしいが、リーダー的な存在であるN月は「運動会もみんなでできたし、去年よりはクラスの雰囲気もよくなってきたので…。でも、音楽の授業がひどいからなあ…」と一学期の前進を実感し、課題を冷静に見つめることができている。さて合唱コンクールについての学級会である。昨年のことを聞くと「話もしたくなさそうな、思い出したくもなさそうな重い雰囲気」である。思い思いにあちこちで話が始まったところで藤原さんの衝撃的な問いが投げられる。

「…ところで、今年の合唱コンクール出場するの?」「まあ、学校と生徒会が一緒に企画してるので、普通に考えれば出場するよなあ! でも、きみたちに、ちゃんと取り組む意思がなければ、やったってしかたがない。聴く方も不愉快になるからなあ。その時はしかたがないから、職員会議で、私が『二組は出場しません。認めてください』って頭を下げて頼んでみるしかないなあ」

あまりにも唐突過ぎて「えっ?」という表情の子どもたち。当然である。「合唱コンクールって、出場しなきゃいけないんじゃないの？」というＳ人の発言を待つまでもなく、学習指導要領に根拠をもつ「学校が計画し実施する教育活動」であるから、学校行事に出ないという決定が認められる可能性はない。子どもたちも「今年の合唱コンクール出場するの？」と問われても、「じゃあ、出ません！」と言えるものではない。だからどうせ出ないとは言えないだろうから、「出ます」という言質を取ってやろうという駆け引きでもない。藤原さんには、運動会での「本気さ」と「クラスの団結」をたしかなものにしたいという子どもたちの潜在的な要求にたいする確信があったのだ。三年二組の子どもたちにとっても「ダメ学級」から脱却するために、運動会の取り組みで感じた「本気さ」「クラスの団結」をより深めることが必要だったのである。

藤原さんの衝撃的な問いかけで、子どもたちの潜在的な要求が顕在化してくる。それが取り組みの「目標」に現れている。目標は「最優秀」ではなく「最優秀を取れるように練習を頑張る」になっている。「取り組み方針」の「リーダーの指示に従う。集中して取り組む。文句を言わない。わがままを言わない」というのも、昨年の反省を踏まえて「本気さ」「クラスの団結」を子どもたちの言葉で具体化したものだろう。子どもたちが自分たちのことを分析して指導方針を立てる力を身につけつつあることを示している。記録から子どもたちのつながりが深まり、Ｋ太もリーダーだと認められるようになったことも窺える。

出場するかしないかを決めることができないところに自治が成立するのだろうか。加えて行事の趣旨・ねらいや内容も決められ、仕事の分担や取り組み方だけが生徒会執行部や学級に任せられる。任せられたからには教師に指示されなくてもできなくてはならない。行事への参加・不参加の自己決定ができないのであれば、学校が想定する趣旨やねらいとは異なる学級独自の参加の仕方を追求していく、いわばオルタナティヴストーリーを描くことで自治は成立するのではないだろうか。

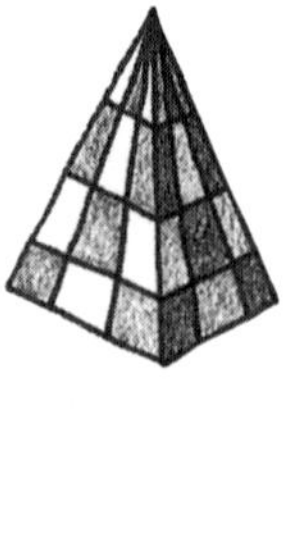

コラム

一年生の担任——学級開きからの指導構想

柴坂　和彦

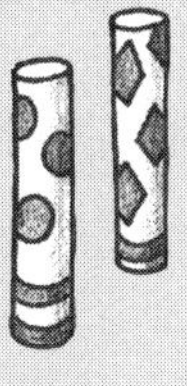

1　出会いの場の演出——学級開き

多くの子どもは期待と不安を持って中学校へ入学してくる。「中学校の先生はどんな先生なのか」「勉強が難しくなる」「部活は何に入ろうか」等々。その一方、「中学生になったから、これを頑張りたい」とも思っているはず。不安を安心に変え、新しい仲間と新しい担任で「一緒に頑張ろう」という意欲をつくり出したい。

だから、私は「過去は問わない！」と宣言する。学級通信には、「小学校の時にはこんなことを失敗したけど、中学校では同じ失敗をしないぞと決意している人には『過去は問いません』。前向きな気持ちを大切にしたいと思います。だから、みんなも『あの人は小学校の時はこうだった』とその人の足を引っ張らないようにしてください」と書くようにしている。

学級開きからのオリエンテーションの期間は、学活の時間が多くとってある。そこで、必ずゲームを取り入れる。ゲームの中で班を使い、班には中心になる人がいること、班は自分を守ってくれるものであること、班の中で自分の思いを出せること、みんなの力を合わせることやそのことが実に楽しいことなどを、次の①〜④の評価を通して教えていく。

①自分の思っていることをきちんと言った。
②友達のために行動した。（やさしい思いやりがある）
③学級のために役立つことをした。（みんなのために頑張った）
④指示をしっかり聞いた。（担任の指導を受け入れた）

2　指導の課題を予測する

担当のクラスが決まれば、小学校からの申し送りに目を通す。課題のある生徒がどんな生徒なのか、小学校のときのエピソード、家庭の状況など、今の時点で分かることをノートに記す。そして、その子をめぐって学級にどんなトラブルや課題が現れるか予想する。

数年前に一年生を担任したときには、高雄（火遊びを繰り返す。コンビニで迷惑行為をする。嫌みを繰り返し言う。上級生とのつながりがある）と竜也（六年の三学期頃から授業に出られるようになったが、それまでは校内をふらふらしていた。母子家庭で経済的に不安定）の二人がいた。この二人が鍵となる。予想される指導課題を「竜也や高雄がまわりの友達関係に流されたり、あるいは授業についていけなくなり諦めかけたときに、クラスのなかでトラブルや遅刻の繰り返し、校内の徘徊がはじまる可能性がある」とした。

そこで、教師が提案した学級目標に次のような具体的内容を盛り込んだ。

- 班で教え合いができるようになろう。
- 学校生活のなかで起こる問題をみんなで解決していこう。
- 学校生活のなかで起こる問題を通して友達のことを考え、本当の友達をさがしていこう。

この教師提案に生徒の意見を出してもらい、修正しながら決定していく。できるだけ、満場一致に近づけ、全員で決めたという実感を持たせる。

3　班長会を楽しい会に

オリエンテーション期間中の一回目班は配慮をしながら名簿順につくる。そして班長など班内の組織をつくっていく。当面は班内互選で班長を選ぶ。中学では、部活動があるので放課後に班長会を長い時間とれない。それでも、二週間に一回、三十分間として班長会を定期的に開く。

実際は、意欲的に立候補した生徒もいれば、誰もいなくて仕方なく出てきた生徒もいる。どんな形であれ、班長になったということを大きく評価する。

班長会は班の良いところと班長として困っていることを交流することを基本とする。そのことによって、班長会は楽しい、班長としてのやりがいがある、となるように指導する。この指導が、次の班長立候補制につながっていく。

4　一年間の活動を通して

二つのことをポイントとする。一つ目は、課題のある生徒との関係をどうつくるかである。それは、彼／彼女たちの話に耳を傾けること、そして、教師の結論を押しつけないこと。二つ目は、学級をリードしていける生徒の発見である。リードする役割を引き受けるには、やる気と自覚が必要である。その生徒のやる気、積極性、関わってみようという姿勢がリーダーにとって大事なことを学級に確認していく。

活動がなければ、学級集団は前進しない。中学校では二つの全校的な行事、体育祭と合唱祭がある。行事の取り組みに合わせて、学級内に多様なリーダーを生むために、実行委員会を組織する。この二つの行事に関連づけて、実行委員会とともに学級の分析をおこなう。行事を通してどんな学級をめざすのか、原案をつくり、学級に提案していく。行事が終われば総括をする。

このように活動を通して、学級が以下に掲げる①↓②↓③と変わっていくことを構想している。

①バラバラな学級

- お互いが無関心。
- 押しつけと非協力。
- 仲は良さそうに見えても深く関わらない。

②居場所がある学級

- 多くの子どもが学級のどこかに居場所を持つ。
- 仲の良い友だちが発見できる。
- 不安やイライラを聞いてくれる仲間がいる。

③要求実現へ向けての共同がある学級

- 自由にものが言える。
- 学級をリードするリーダー集団がみんなから認められる。
- 無理に仲良くしなくても、安心していられる学級。
- 班やグループ間で批判と援助が生まれる。

Ⅲ

対話と応答のなかに指導を確立する

実践　河瀬　直（埼玉）
解説　高橋 英児

実践記録

直之は本当にいいやつなんです

河瀬　直（埼玉）

1　「荒れ」のなかのA中学校

A中学校に異動した時の第一印象は、「学校が壊れている」だった。一緒に異動してきた音楽の先生は、四月中に病休になり、そのまま休職となってしまった。授業がまったく成立せず、子どもたちはやりたい放題だったようだ。

学区内に大きな団地があり、八割近くの子どもたちがそこから通学してくる。築三十年近い団地で、経済的に困難な家庭や外国から帰国した方などがたくさん住んでいる。各学年とも二クラスという小規模校だが、約半数が要保護、準要保護である。また、母親、父親だけの子どももたくさんいる。学区には二つの小学校があるが、成績上位で、経済的に余裕のある家庭の子どもは私立中学校へ行く。この層より成績がすこし下位の子どもは、さまざまな理由をつけて周辺の「落ち着いた」公立中学校へ行く。Ａ中学校に入学してくるのは、これら以外の子どもたちである。だから、「学力」的にもきつく、小学校時代に学級崩壊やエスケープ、いじめなどを体験した子どもたちが入学してくる。

学級数が少ないため教職員数も少なく、各学年三〜四人。私は一年生の担任だったが、学年職員は三人。誰かが年休や出張になれば、たった二人。手のかかる子どもたちなのに、これでは手がまわらない。だから年休も取りにくくなる。最近はどこもそうだが、非常勤講師が増えた。数学の先生は、火曜と木曜の午前中のみ勤務。私のクラスは火曜に数学が二時間あった。昼休みに話をしようとしても、もう先生はいない。「算数」や「数学」が苦手な子どもがたくさんいるのに、これはまずいと思った。家庭科の先生も、月曜だけの勤務。子どもたちとゆっくりかかわる時間はない。

そこで、「これでは、Ａ中学校はよくなりません。生徒指導加配も含めて、教員数を増やすよう行政に強く要求してください」と校長先生に再三にわたって要求した。しかし、次年度も増員はなかった。子どもたちの問題行動への対応、重複する校務分掌、部活動等々のひどい負担のなかでも職員は誠実に仕事をしている。だが、子どもたちの指導をめぐってじっくり話し合ったり、分析したりということが、Ａ中学校にはあまり見られない。それぞれの先生がそれぞれに必死に頑張っている。しかし、疲れ、傷つき、あきらめの気持ちも入り混じり…そんな様子に見えた。

2　一年生の時――保護者とともに

入学式の翌日から、さっそくいろいろな事件が起きた。四階にある私のクラスの学活中に、三階（二年生）のベランダから石や木、牛乳パックなどが四階の窓ガラスに向かって投げつけられた。ベランダに出てみると、授業中なのに数十名の二年生が遊んでいる。柵の上に乗っている子もいる。二年の先生が一人でなんとか制止しようとしているが、言うことをきかない。私は「誰だ、投げたのは！　やめなさい」と叫んだ。が、しばらくすると、また物が飛んできた。窓側の子どもたちはすっかり恐がっている。こんなことが何度も繰り返された。

同じ時期、三年生が一年生の男子数名を呼び出し、「態度が生意気だ」と暴力を振るった。その日の夕方、被害者の一年生の保護者が相次いで来校した。

「おい！　おめえら、俺の子どもになにしたんだ。おい、こらー」と興奮して職員室に入ってきたお父さん。やっとのことで校長室に入ってからも、まだ興奮している。

「おめえらなにやってんだ。俺は元暴走族だ。やった相手を呼べ。俺がぶん殴ってやる。早く呼べよ」という状態。私たちは丁寧に謝りながら、なんとか話のできる状態にもっていったが、「今度あったら、学校なんか関係ない。俺が直接乗り込んで殴ってやるからな。覚えておけよ」と言い残して帰った。この日五人の保護者が来たが、「若い頃は暴れていた」という人が多かったのには驚いた。

こうしたなかで、最初の一年生の保護者会を迎える。学年の教師は、学校で起きている事実を率直に語り、保護者にも思っていることをどんどん出してもらい、互いに補い合いながら共同して子どもたちを育てていくスタートになるような保護者会にすることを確認した。私たちは率直に話し、参加した保護者も思っていることや心配なことをたくさん語ってくれた。

「先生たちが、きれいごとばかりで今起きていることをちゃんと話さなかったら、抗議しようかと考えてました。話してもらってよかった」と会議後に伝えてくれた保護者もいた。毎月一回、本音で語れる保護者会をおこないたい、という私たちの提起も前向きに受け止めてもらえた。以後、原則として毎月保護者会をおこなった。そのおかげか、この学年の保護者の多くは、協力的にかかわってくれている。

A中学校の学区の特徴としてきびしい問題を抱えた家庭が多く、生活を維持することで手一杯という保護者も多い。私たちは、「困難ななかで生活を維持し子どもを育てている、そんな親たちをまず尊敬し、子育ての苦悩を共にする者どうし」としてつきあっていくことを確認した。

3　活動をつくる——二年生になっての取り組み

二年生に上がり、私は学年主任となって担任を降り、学年全体を見ることになった。一組担任

A先生は三十代前半で体育科の男性教師。管理的な学校に長くいた人で、その体質そのままにA中の子どもたちを指導しようとする。二組担任B先生も三十代の男性教師。中学校の経験がなく、指導に戸惑っている。四月当初の学年会で、時間をかけて子どもたちの様子について話し合い、かれらの話をよく聞くことや対話や会話を大切に子どもたちとつながる指導を重視することなどを確認した。

しかし、この二人の先生は、想像以上の子どもたちの手強さに戸惑い、これまで身につけてきた方法で指導せざるをえなくなっていた。四月も後半になると「先生、担任変えてよ！」と私に訴える子どもが増えてきた。黒板に「○○死ね」と担任の名前が書かれたこともあった。担任の指示を聞かず、勝手な行動をする子どもも増えてきた。私はできるだけ「学年相談室」にいるようにして、子どもたちの話を聞き取るようにした。ゆっくり、じっくり聞き続けた。

そうするなかで、かれらの多くがA中を落ち着いた学校にしたい、まっとうに生活したいと願っていると実感した。そこで、学年全体で前向きな活動を組み、かれらの思いを具体的な力へと結集していこうと考えた。学級委員会で話し合い、「そうじやり隊」「写真を撮り隊」「レク実行委員会」「集会を楽しくし隊」などの組織をつくることを呼びかけた。予想をはるかに超え、学年六〇人のなか、延べ四〇人以上が集まった。

放課後、「そうじやり隊」の子どもたちが床に長年こびりついたガムを削り始めた。二人の担任の先生も一緒。「顔を見るだけでムカツク」と担任を拒否していた学年の女子で一番指導の難しい由美とその担任が、なんとなく横並びでガムを落としている。時折、ぼそぼそと会話している。

「写真を撮り隊」には私のデジタルカメラを預け、学年行事や学校生活の様子を写真に撮ったり、記事を書いてもらった。それを「学年便り」に載せ、保護者にも見てもらう。ある日、隊のメンバーが飛んできた。「先生、大変、大変！　学年相談室に画鋲がぶち撒かれています」「デジカメ貸してください。写真に撮って、証拠にします」「掲示板に貼って問題にします」と息巻いている。すぐに写真を撮り、学年の掲示板に貼った。それから、各クラスで写真を見せながら、「こんなことやったの誰ですか。もしやってしまったら、すぐ片付けてください。もうやらないようにしてください」と訴えた。やや性急ではあったが、かれらは写真を撮ることを楽しみつつ、学年の実態を観察し、意見を発信しはじめた。

それまで「良い子」をしていたA子が仲間と一緒に悩み相談にきた。「ほかにも悩んでいたり、先生の知らない問題がいっぱいあるよ」と言う。そこで、私も含めて「秘密情報局」という秘密組織を結成。個人や学年の〝マル秘情報〟を共有する。時には、私の悩み相談にも応じてもらう。「秘密」を共有する者どうしの連帯感がなかなか心地よい。

学級委員を中心に「最後の一週間を頑張るぞキャンペーン」も始めた。中味は単純で、朝読書と給食をどれくらいしっかりできるか点数化して競い合う。「先生、今日は二組を抜くよ」と言ってはりきる子もいる。「早く席について」と声を出す子も出てきた。

九月の体育祭。A先生は体育教師、B先生はスポーツが得意。私は「体育祭がチャンス。クラス旗づくりと種目練習で子どもとつながれるチャンス」だと力説した。クラス旗実行委員もすぐに決まり、ライバル意識を持ちながらはりきって活動を始め、自分たちでどんどん進めていく。「競技は二組が強そうだ」と挑発気味に言うと、「うちの担任は体育だよ。勝つに決まってんじゃん」と一組の由美が自慢げに反論。担任との関係ができつつあるようだ。

今までA中学校の文化祭は、吹奏楽部の演奏と英語のスピーチコンテスト代表者の発表程度の内容だった。今年度からは学年でも取り組むことにした。二年生は「劇」をすることになり、劇団員を募集。二〇名ほど集まった。教室の隅で小さくなっている子どもたちにも意図的に声をかけた。学年のリーダー格の子ども、「問題傾向」のある子ども、おとなしい子どもと、いろんな子どもたちが集まった。

文化祭終了後の「まとめ」の集会。

私「みんな、よくやったなあ。先生もきみたちと一緒にやれて楽しかったし、成功して嬉しかったよ。ありがとう。拍手」

香澄「先生が一生懸命頑張ってくれたおかげです。先生に拍手をしてください」

俊次「先生、ジュースおごってくれてありがとございます」

俊次は学年で最も体が大きく、言動が乱暴でキレやすい子だ。しかし、この時はとても素敵な笑顔だった。私は思わず「俊次、きみは本当はいいやつなんだなあ」とみんなの前でしみじみ話してしまった。これ以後も、俊次は乱暴な言動でたびたび周囲を困らせる。しかし、本気で叱っても、翌日には「先生、今日は先生の給食を盛るよ」などと話しにくるようになった。このように、子どもたちに自信と前向きな気持ちを持たせ、自治的な力を少しでもつけたいと思って、さまざまな活動に取り組んできた。ある程度は成功したと思うが、まだ課題や悩みもたくさんあり、疲労のたまる毎日が続く。

4　直之とつながる

学年で最も深刻な困難を抱えているのが、直之である。小学校時代から、いじめ、暴力、エスケープなどを繰り返し、申し送りには「本人及び家庭とも指導が困難」とあった。入学直後から「問題」を次々と起こす。大変なのは、ふとしたきっかけで級友を殴ったり、蹴ったりすることだ。止めに入っても、すでに形相が変わっていて暴れまくる。私一人ではとても止められない。私もずいぶん蹴られた。少し落ち着くまで数十分かかる。こんなことが年に何回もあった。最後は、「どうせ俺が悪いんだろ」と言って涙を流す。授業中も何人かを誘ってトランプを始めたり、騒ぐ。注意すると、「うるせんだよ！」。体に触れると急にキレることもある。きつくすさんだ目で、全身でおとなを拒否しているようだった。

「どうしたら、取っ掛かりをつくれるだろう」と私たちは困り果てた。他にも、物を壊す、落書きをする、ライターで火をつける等々があった。二年生になってからは、さらにエスカレートした。教師を殴る、体育館のガラスを割る、校長や教頭にも飛びかかる。母親と連絡を取ろうとしても、ほとんどつながらない。とても複雑な家庭環境で、ほぼ「育児放棄」の状態で育ってきたようだ。

私は、できるかぎり空き教室にいるようにして、彼がふらふらしている時は部屋に入れて接触した。のんびりと、そして彼のペースに合わせることを心がけた。

「おう、何してんの。センセイ、暇そうだねえ」

「ああ、暇だよ」

直之とMがやってきた。しばらくはのんびりと雑談。私が何気なく壊れた箒でゴルフスイングのまねを始めると、「下手だな、俺のほうがうまいよ」と言いながら、壊れた箒を振り始める。そのうち三人とも調子に乗って、折れたモップの柄や壁の板を使ってゴルフクラブを作り始めた。私が作ったものを「下手だ」と言って、工作の得意なMが改良して完成させた。

「この部屋は壊されたものばっかじゃん」

「そうなんだよ。ほんとこの学年の生徒は物を壊してくれて、嫌んなっちゃうよ。誰がやってんだろ。頭にくるよ。片付けや修理は先生だもんなあ」

「先生も大変だねえ」（実はほとんど彼らが壊している）

「そうだよ。ほんと嫌んなっちゃうよ」などと「会話」が弾む。さらに落ちていた紙をテープで巻いてゴルフボールを作り、室内でパー3のラウンドが始まった。結構面白く、空き時間をほとんど使ってしまった。

「こんなことして遊んでいいのかよ」と言うので、私が「生徒が授業に出ないで教師とこんなことしてていいのかよ」と言い返す。

こうした雑談のなかで、家族のことや小学校時代の嫌だったことなども語るようにり、直之の身辺のことや私の愚痴なども気軽に話せるようになってきた。缶ジュースを飲みながらうろうろしているので「直之、いいかげんにしろよ。缶ジュースよこせよ」と注意すると、「いやー、わりぃわりぃ」と子どもらしい表情も見せる。

逸脱行動への指導も、比較的素直に聞くようになってきた。身体に触れても、以前のような拒絶の意思は伝わってこない。たびたび空き教室に来るようになったので「先生は今日は忙しい。直之とは遊べない。静かにプリント学習」と言うと、ある程度はやるようになった。

「直之は、キレやすかったよな。そしてキレた後で自分を責めてたな。先生もそういうことあるけど」

「まあ。殴っちゃうのはよくねーよな、先生」などの会話も成立する。「小学校の時、事件があるといつも俺のせいにされてたんだぜ」とポツリと漏らしたこともあった。

5　直之とともに歩むリーダーたち

直之がどうして荒れるのか。どうしたらよいのか。学級委員会、実行委員会、班長会など公的なリーダー会でたびたび話し合った。また、学年集会でも、直之の「問題行動」について教師側の分析や思いを語っていった。女子のリーダーの夏美と由紀は、卒業を前にして、こう書いている。

二年の途中まで直之は私にとって「迷惑な人」でした。授業は壊すし、「いなけりゃいいのに」と思ったこともありました。でも今は、直之は本当にいいやつなんです。先生、この学年で直之が一番成長したね。先生の部屋で何度も会議を持って話し合ったね。

二年の時が一番大変だったよね。でも、先生が直之のことを真剣に考えていることを知って、私も直之に関わってみなくちゃと思って、同じ班にもなりました。そしたら直之のことが段々わかってきました。あいつ先生にさからったりひどいことしたりするけど、本当はとってもやさしいやつだってことが身に染みてわかってきました。私が、直之やめなよって言うと素直に聞いてくれることも増えました。その時の彼の目はとってもやさしい目でした。彼がひどいことをするのは彼にはどうすることもできない理由があるんだとも思えてきました。そういえば小学校の時何かがあって一方的に直之のせいにされた時に、教室の隅で泣いていた直之を思い出しました。私なんて想像もできないくらい直之の家って大変ってことも思い出しました。

　でも止めてもだめで暴力を振るって大きな事件になってしまった時、私は悔しくて泣いてしまいました。先生も知っているよね。由紀も真由も泣いていたよね。でも次の日（臨時の）学年集会で先生が「直之を一人にするな。先生は知っている。直之の行動のうらには深い苦しみがあることを。直之は信頼できる仲間や自分を安心して出せる場所がないのではないか。いつも寂しさと人への不信と自分へのあきらめのなかで必死で生きてきたんじゃないのか。問題を起こせば起こすほど直之は孤立し自分を責めてきた。今すぐは無理かもしれないけど、直之にとって本当に心地よい居場所をつくりたい。つくってもらいたい」って言ってくれたよね。私があの時も泣いちゃったのも知ってるでしょ。泣いた人たくさんいたね。あの時私ももっと直之を大切にしようと思ったよ。もちろん他の子たちもだよ。（夏美）

　先生と何度あの部屋で話し合ったかなあ。直之のことを真剣に相談したね。私たちって頼りにされてるんだって思っててうれしかったよ。クラスのことは任せてよ、頑張るよって思ったよ。怒られたこともあったね。恵美たちと学校抜け出した時。先生にちょっと来いって言われてあの部屋に集められて。きみたちがやたら抜け出すはずはないから、きっときみたちなりに理由があるよねって言われて、ほんとにごめんって思ったよ。私たちってけして真面目じゃなかったけど、直之たちのことに真剣な先生たちを見てて、ちゃんとやらなくっちゃと思ったよ。三年間ほんとに楽しかった。でも、もっと先生に迷惑かければよかったかなあ？　なんてね。（由紀）

直之への指導について私の作った資料をもとに、特別に全職員対象の研修を開いてもらった。夏休みには、直之だけでなくこの学校の子どもたちをどうとらえ（「貧困」の社会的背景なども含めて）どのような指導が大切なのか、二日間研修をしてもらい、また、相談室の相談員の方やカウンセラーの方を中心に、「発達障害」のことも含めて研修をもってもらった。すると、校務員さんや相談室の方などいろいろな人が直之に声をかけ、関わりを持ってくれるようになった。

6　三年生になって――笑顔の修学旅行

三年生となった五月の修学旅行に直之は参加できた。参加できるかどうか当日まで心配だったが、朝の集合にも無事間に合った。前日、直之は神妙な顔つきで三日間の細かなことを確認しに控え室にやって来た。

「先生、この靴でいいの？」「バッグに詰めるものどんなものがいる？　体操着は一枚詰めたけど」直之の繊細な一面を再認識した。

「直之、それより、キレたり、ケンカしたり、先生はそっちが心配だよ」

「大丈夫さ。そんなことしねえよ」（実は、直之が同じ班の俊次に「俊次、修学旅行でキレるんじゃねえぞ」と言っていたそうだ）

数日前、母親が修学旅行費の工面の件で学校に相談に来ていた。費用が払えそうにないので、本人も直前まで「俺は行かねえ」と言っていたようだ。福祉からの支援でなんとか行けそうだと知った直之は「最後だし、行きたい」と言ったとのこと。母親と「絶対に先生やみんなに迷惑をかけない」と約束したという。

彼は体の大きな俊次たちと一緒に行動していた。俊次の隣にいると可愛らしく見えてしまう。実行委員たちとはもちろん、俊次とその仲間たちとも、直之が参加した場合の役割についてたびたび秘密会議を持った。私は「奈良の大仏を見て、直之がすげえって言ったら成功だ。もしかしたら直之にとって最後の修学旅行だぞ」と伝えた。

二日目の夜、旅館の障子に数箇所の穴が開いているのがわかった。副実行委員長でもある俊次は男子をロビーに集め、彼らしくすこし乱暴な言い方で「誰だやったの」「先生たちに迷惑かけたくないんだよ」と迫った。後で確かめたら、俊次たちにはわかっていたのだ。直之の仕業であることを。俊次なりに考えて直之への牽制球を投げたのだ。帰りの新幹線では、トランプで遊ぶ直之の笑顔をみて「先生、直之いい笑顔しててんじゃん」と俊次。私は「うん、ナイス。きみたちのおかげだよ。ありがとよ」とお礼を言った。

7　俊次のタイマン

俊次がSとタイマンをはるという情報が入った。陰でSが俊次の一番言ってほしくない悪口を言っているのが理由である。派手で教師受けはよくないが、内面はまっとうなM子が、養護の先生に「今週の土曜日に公園でSとケンカするって言ってた。俊次とSがやりあったら大怪我するのはまちがいない。受験もあるし、なんとか止められないかなあ」と伝えた。「カワセには伝えてよい」とのこと。私はアンテナをピンと立て、彼らの動きを注視。俊次は暴力的な雰囲気を発散している。また、M子から「俊次がもう我慢できない。すぐにでもSを殴りたいと言ってる」との情報が入る。

私はすぐに手を打つことにした。給食前に「俊次、先生の部屋へおいで」と指示。「嫌だ。絶対嫌だ」「だめだ。来なさい」「嫌だ。今日はだめだ。いかねえ」「来るんだぞ。待ってるぞ」「嫌だっていったら、嫌だ」

給食が終わってしばらくして彼はやって来た。

「何のことだかわかってるよ。N（養護の先生）から聞いたんだろ。今回はだめだ。俺は絶対やる。先生がなんていったって無駄だ」

「だめだ、絶対暴力を振るうのはだめだ」

「だめだ、今回はだめだ」

「だめだ。絶対にやっちゃだめだ。暴力で解決はしない。日本国憲法を学んだだろ!!」

「…そりゃ学んだ。だけど今度はだめだ。気がすまない」

「だめだ、我慢しなさい」

「帰っていい？」

「だめだ帰さない」

「説得しようとしても無駄だ」

「いや、俊次に絶対暴力は振るわせない。説得する」


こんな激しいやりとりの後、二時間ほど話し続けた。そのなかで、彼の父親は中学時代、彼よりずっと暴力的で、この近辺では名の知れた「ワル」だったこと、そんな父親の影響を受けていると彼自身が感じていること、「どうせなら俺（父親）くらい大物になれ。ただし、女と自分より弱い者には手を出すな」と父親が言っていること、母親はこの父親との離婚を一時決意していたこと、俊次も父親の考え方が全面的によいとは思っていないことなどがわかってきた。

彼が周囲に「Sとケンカする」と漏らすのは、実は誰かに止めてほしいというサインではないか。

「お父さんが何と言おうが、暴力を肯定する考え方を先生は絶対に受け入れられない」

「…先生の考え方はわかってるよ。授業で散々聞いてきたぜ。イラク戦争反対のデモに行ったこともな。でも無駄だったよな」

「結果的にはブッシュが攻撃をしてしまったからな。でも先生の隣を行進していたアメリカの子どもも、ブッシュは攻撃するなって叫んでた。戦争反対の声は実は世界中のまともな人たちの声なんだ。その声がもっともっと大きくなればきっと戦争は止められる。あきらめないことだ。ベトナム戦争の時の核兵器を使うなという署名が、アメリカの原爆投下を阻止した話も授業でしたよな」

「ああ、覚えてるよ」

結局、私が間に入ってSと話し合ってみるということで決着した。長時間かけて自分の思いを表出したことで〝戦闘意欲〟が低下し、ホッとしているようにも見えた。翌日から俊次とSの直接の話し合いなどで三日間を要したが、なんとか二人は「平和的」に関係を修復した。この間、直之は成り行きが気にかかるのか、「カワセの部屋」の外で待機したり、用事があるふりをして部屋に様子を伺いに来たりしていた。

8　俊次と直之

「俺、直之のことを、いいやつだなあって思えるようになったのは、修学旅行からだぜ。それまでは、そんなに付き合いもなかったし、どっちかっていうと迷惑なやつって感じだったんだ。だけど、いっしょの班で修学旅行に行ったら、あいつ楽しいいし、結構やさしいしね。いまじゃ良い友達だぜ」と俊次。

「はっきり言って、俊次より早く暴力的な発達課題を乗り越えつつあるよな」と私。

「言ってくれるじゃん」。

私が「直之が警察のお世話になった時のこと覚えてる?」と問うと、

「うん。俺は納得いかなかった。なんであのくらいで警察なんだって思った」

「そうだったよな。直之は、たぶん彼の十四年の育ちのなかで、俺たちの想像もできないくらいの辛い目にあってきてるよな」と言うと、

「俺のほうが知ってるぜ。あいつ、赤ん坊の頃、おむつを取り替えてもらったことがなくて、赤く腫れてたって、うちの母親が言ってたぜ」と話してくれた。

「だれも信用できない。自分は愛されていない。自分はどうなったっていい…って、どこかで思っていたと思うんだよ。で、彼とあんまり関係がないおとなが強く出ると、彼は体ごと拒否するんじゃやないか。自分を守るために。それが暴力になってしまう。でも、卒業後、彼を理解してくれない人にいちいち暴力を振るってしまったら、それこそ犯罪者だ。誰も助けられない。彼には辛い試練だけど、彼の発達の課題を乗り越える良い機会だって先生は考えるようにしたんだ。直之はほぼ乗り越えたよな。今回の直之の動きを見てると、俊次こそがこんどは自分の課題を乗

り越えないとな」と私は続けた。

「そうだよな。わかってるよ。でも、俺もかなり我慢できるようになったんだぜ。でも我慢するとストレスがたまって、本当に頭が痛くなるんだ。知ってるよね」

「ああ、よくわかる」

「最近は、やばいキレそうだ、って時には保健室に行くことにしてるよ」

「うん、それもわかってるよ。俊次は俊次の方法でなんとかしようと努力してるのはよくわかるよ」

「俺もね、本当はSとタイマンはることはやばいとは思ってたよ。だけどそうしないと俺の気が収まらない。我慢するとすごく頭が痛くなったし、いらいらしてSの顔を見るだけで殴りたくなるし。高校なんてどうなってもいいとそん時は覚悟を決めてたし」

「やばかったなあ」といったやりとりの後で、俊次が
「でもよお、今思うと、直之は俺のこと上手に止めてたんだよな」と言い出した。

「どういうこと?」と尋ねると、

「俺が、土曜日に公園でSとタイマンはるって言ったら、直之は、『あと一週間、Sの態度を見て決めてもいいじゃん』って言ったんだ。これ、俺のこと、上手に止めてたんじゃない? それと、この前、俺、我慢できなくなってSをわざと挑発して、Sが俺のほうに向かってきたんだ。そうしたら、直之が『俊次、あっちいこうぜ』って俺をひっぱっていったんだ」

「そうだな、ほんとそうだな。直之はすごい。先生も直之に感動だよ」

この時、直之が学年控え室に何気なく入ってきた。私は思わず「直之はほんとにいいやつだ。直之のおかげで俊次を止めることができた。直之、マックに行くか！」と言ってしまった。当然、「やったぜ、聞いたぜ先生！」となった。

9　暴力に正義もくそもありゃしねえ

「戦争に人道（みち）などありゃしねぇ、戦争に正義もくそもありゃしねぇ」

（長渕剛／作詞・作曲「静かなるアフガン」）

長淵剛の「静かなるアフガン」が三学期二月の教室に流れる。二学期後半からほとんどの授業に参加するようになった直之も真顔で耳を傾けている。

「きみにこそ聞いてもらいたかったんだ」と心のなかで呼びかけた。「戦争（暴力）に正義もくそもありゃしねえ」と黒板に書いた。

「結局、カワセがきみたちに一番訴えたかったことは、この言葉だ」。直之が深くうなずいたように見えた。こんなに落ち着いた表情で授業を聞く直之の姿を三年の前半までは想像できなかった。

義務教育最後の授業で９・11同時多発テロとパレスチナ問題をテーマにした。俊次への暴力問題の指導の後に、「暴力についてのセビリア声明」、ユネスコ「わたしの平和宣言　MANIFESTO

2000」、「日本国憲法前文」を使って、戦争や暴力の問題を考えさせた。

「戦争は人間の遺伝子にはない。だから戦争を発明するのも人間、やめることができるのも人間」であると力を込めて語った。「俊次、きみにこそ身にしみてほしい」という私の思いは伝わっただろうか。俊次や直之だけではない。巨大な暴力や権力による支配が私や子どもたちや親たちを空気のように取り巻いている現実が、私の社会科の授業や日常の指導、子どもとの会話や対話のなかで少しでも伝わっただろうか。俊次や直之、このA中学校の子どもたちが引き起こしてきた日常のトラブルや暴力事件への指導を通じて、生身の人間の引き起こす暴力とそのぬきさしならない要因、でもそれを克服して生きることの価値について少しは理解してくれただろうか。


二月の末、英語の授業が嫌で保健室に逃げようとした俊次と直之に出くわす。

「直之、ちょうどいいや。面接練習やるぞ」

「先生、やるけど、ちょっと待ってよ。俺ちょっと調子悪い。もうすこしタンマ」

「そーやってな、ちょっとでも授業さぼる時間をかせぐつもりなんだよな。ずるいやつらだよ」

「先生、まあいいじゃん。久しぶりに語ろうよ」

「調子いいやつだよな」

「先生だって語りたいことあるんじゃないの。ストレスたまってる顔してるぜ。聞いてやるよ」

「それにしても一年のころの直之にはまいったよ」

「まーね。ジュース飲んで撒き散らかして、菓子食って…」

「それを誰が全部始末してたんだよ。先生だぜ」

「悪かったよ先生。ありがとよ。だけど、今の一年のほうが悪くない？」

「いや間違いなくきみたちのほうがひどかった」

「まあ、そうかもねえ」

「直之はほんと手におえなかったぜ。キレたら終わり。俺なんて目じゃないよ」と俊次。

「それ思うと、この学年で一番成長したのは直之だと思うよ」

「俺もそう思う」と俊次。

「結局直之は、直之の最大の発達課題をかなりクリアできたんだよなあ」

「俺のほうがまだだめだって言いたいんだろ。先生の言いたいことはわかってるんだよ」

「そのとおりだろ」

「まあ今じゃ直之のほうが俺を止めたりできるしな。でも、俺ももう、大丈夫だぜ」

「いや俊次はまだ心配だよ」…。

10　最後の旅行と卒業式

卒業旅行。東京ディズニーランドを子どもたちはとても楽しみにしていた。「カワセ先生、どうして先生の大嫌いな場所にしたんですか?」と聞かれても明確に答えられなかった。しかし、ディズニーランドから帰って食事をしているうちに、どういうわけか涙が止まらなくなると同時に、どうしてディズニーランドにしたのか気づいた。原因は「直之の一言」だった。

「卒業旅行」の話題が出た二学期の終わりに、彼はふと「俺、ディズニーランドがいいかな。行ったことないし」と漏らしていた。その時に私は、心のどこかで直之のためにディズニーランドにしようと決めていたような気がする。

当日は直之だけが制服で参加した。とっても楽しそうに過ごしていた。食事をしながら、制服姿の直之(金銭的に厳しく、しかも母親のことを思って制服で来たのだと思う。たった十四歳でそういう配慮ができる)の楽しそうな表情が目に浮かび、涙が止まらなくなったのだ。

「卒業生退場」。私と担任が彼らの前に立った瞬間、俊次が「こんな俺たちを三年間面倒みてくれて、ほんとうにありがとうございます」と叫んだ。その瞬間、それまで堪えていたものが一度に噴き出してしまった。学年の子どもたちが相談して、「俊次が言いなさい。一番迷惑かけたんだから。どんなことを言うかは俊次が考えておくこと」となっていたらしい。列席していた俊次の父親も感動して涙を流したようだ。なによりだと思った。直之も神妙な面持ちで、無事、証書を受けとることができた。

解説

子どもの生きづらさに応答する教師の指導

高橋　英児

1　子どもの問題行動の背景にある「生きづらさ」と対峙する

河瀬さんが「学校が壊れている」と感じるほどのA中学校の教育困難の状況は、子どもたちの苦しい生活現実を反映しており、彼らの抱えている「生きづらさ」がそれだけいっそう深刻であることを示している。しかも、半数が貧困家庭にあり、様々な問題行動が多発するA中学校の教育困難な状況は、貧困家庭がA中学校の学区に取り残され、固定化されていく中で生まれており、社会が構造的に生み出していることを見逃してはならない。

このようなA中学校の子どもたちのなかでも河瀬さんが「最も困難を抱えている」という直之は、小学校時代から様々な問題行動を繰り返し、「本人及び家庭とも指導が困難」と申し送りされ、入学後もたびたび問題行動を繰り返している。しかし、彼は、複雑な家庭環境の中で育児放棄の状態で育ちながら、その苦しさを誰からも聴き取られることなく、学校でも「問題児」として排除されてきている。「どうせ俺が悪いんだろ」と言いながら涙を流す直之の姿は、それを象徴している。これまでの生活の中で、自己の尊厳を守ることができずに深く傷つき、自己否定感に苛まれ、苦悩している直之の姿が浮かび上がる。

本来であれば、直之のように、生きづらさを抱えた子どもたちには、丁寧な関わりと指導が何よりも求められるのであるが、河瀬さんの学校のように、必要な条件・環境がなかなか整えられない現実が広がりつつある。重要なのは、そのような困難な状況においても、河瀬さんが、教師集団と共に、子どもたち・保護者たちの生活現実について分析し、子ども理解を深め、指導の方針を導いている点である。そして、子どもたちの問題行動の原因を、個々の子どもの心や家庭のあり方に帰結させるのではなく、そうさせている生活現実を問い、それを変えていく動きを日常の中からつくりだそうとしている点である。

2　「子どもの声を聴く」

①語り出したくなる場をつくる――信頼されるおとなになる

困難を抱えている子どもたちにたいして、これまで、「子どもの声を聴く」ことが重視されてきた。子どもの声を聴くとは、子どもと対話しながら、彼らの持つ要求・願いをつかもうとする行為である。また、子どもの声を聴く過程では、自分のことを気にかけ、関わろうとする教師の存在が、子どもの中に安心と信頼をはぐくみ、自分の苦悩や願いを語り出そうという勇気を彼らの中から引き出していく。

河瀬さんの実践で特筆すべき点は、この「子どもの声を聴く」ことを丁寧に行っている点である。特に、河瀬さんと子どもたちとのやりとりからは、彼らの思いや願い、要求などを自ら語り出したくなる場を作っていることが分かる。それが最も現れているのが直之との関わりの場面である。河瀬さんは、できる限り空き教室にいるようにして、彼がふらふらしている時は部屋に入れて、彼のペースに合わせながらのんびりと話をする機会を積極的に作っている。しかも、授業を抜け出したことをとがめるのではなく、時には雑談し、時には遊びながら、一緒に時間を過ごしている。授業を抜け出した直之らと一緒にゴルフごっこに興じながら、やりとりしている様子からは、教師も子どもも学校的な価値観から自由になっている姿を感じるし、どことなくユーモラスでさえある。

このように、子どもだけでなくおとなも、学校的な価値観の束縛から自由になれる場を学校のなかに作り出すことはなかなか難しいことかもしれない。しかし、このような自由な空間だったからこそ、直之は自身のことを語るようになったのではないか。また、河瀬さん自身も愚痴などを彼らに語っている点も見逃せない。そして、河瀬さんと直之との関係は、授業を抜け出す彼を受容しつつも、彼に要求できる関係にまで変容してきている。直之も、その要求に応じるとともに、自己を振り返ることができるまでに成長している。河瀬さんと直之や俊次との会話には、彼らの成長を振り返るような会話が多くあることにも気づく。

②子どもたちの願い・要求をつかみ、活動を提案する

また、河瀬さんは、子どもたちの話を聞き続けるなかで、彼らの願い・要求をつかみ、様々な活動を提起している。一つは、「A中を落ち着いた学校にしたい、まっとうに生活したい」という願い・要求をつかんでなされた「そうじやり隊」「写真を撮り隊」「レク実行委員会」「集会を楽しくし隊」などの活動である。もう一つは、「良い子」をしていたA子の相談をきっかけにして生まれた「秘密情報局」である。前者が、子どもたちが充実した生活を送るための楽しい活動・組織の提案として、学年全体にひらかれた公的な組織として行われるのにたいして、後者は、共通の課題や悩みを抱える子どもたちが互いに支え合う活動・組織の提案として、当事者たちの自発的・自主的な組織として行われている。

重要なのは、これらの活動が、河瀬さんが意図しているように、子どもたちの自信と前向きな気持ちを持たせ、自治的な力をつけるものとなっているだけでなく、子どもと子ども、子どもとおとなとをつなぎ直す機会を提供している点である。例えば、「写真を撮り隊」の子どもたちの活動は、自分たちの現実を見つめ、課題を発見し、その克服のために他の子どもたちに働きかけ

ようとする動きを作り出しており、自治的な取り組みの萌芽を感じさせる。また、「そうじやり隊」や「秘密情報局」での子どもと教師の姿は、横並びの関係で現実を共有し合う関係を新たに作り出していることを感じさせる。

3　子どもと子どもとをつなぐ――直之・俊次と周りの子どもたち

困難を抱えた子どもたちへの指導においては、彼らが他者にたいする不信と傷つきを相当に抱えているために、まずこうした彼らの不信と傷つきを癒やすべく、子どもと教師の一対一の関係をどう築くかが課題となることが多い。また、場合によっては、この関係の構築で一年が終わってしまうということもある。

しかし、河瀬さんは、直之や俊次との関わりにおいて彼らとの一対一の関係を築く一方で、学級委員会、実行委員会、班長会などの公的なリーダー会での話し合い、学年集会での教師側の分析や思いの語り、さらには、直之の修学旅行への参加のために行った実行委員たち・俊次たちとの秘密会議などを通じて、直之と周りの子どもたちとの関係を築くことを並行して行っている。しかも、子どもたち自身が直之のことを考え、積極的に働きかけようとする動きが生まれ、さらに、こうした動きから、互いの自立を励まし合い、支え合う対等な関係が生まれている。特に、修学旅行の様子や俊次のタイマン事件を見れば、直之と俊次の関係が、俊次が一方的に直之を支える関係から、俊次もまた直之によって支えられている関係へと発展していることが読み取れる。

このような関係が生まれていったのは、第一に、直之だけでなくどの子にも「そうせざるを得ない理由がある」と問う河瀬さんの見方・考え方が、直之の新たな一面を発見し、直之と新たに出会い直すきっかけを子どもたちに与えていたことにあるだろう。直之のことを迷惑な存在だと感じていた夏美や俊次は、直之をめぐるリーダー会や修学旅行のための秘密会議をきっかけにして、彼が直面している現実と抱えている苦悩を知り、「いいやつ」だと感じるまでに彼との関わりを深めている。

第二は、河瀬さんが、子どもたちの力を信じて彼らに頼ることで、彼らの力を引き出している点にあるだろう。これは、公的なリーダー会や秘密会議、また雑談の場面を見れば明らかである。

4　暴力のなかにいる子どもの自立の課題にどう向き合うのか

河瀬さんは、困難を抱え、荒れる子どもたちの自立の課題を常に意識し、彼らと共にそれを乗り越えていこうとしている。そのような河瀬さんの願いを最も端的に表した言葉が「戦争（暴力）に正義もくそもありゃしねえ」である。河瀬さんは、自身の担当する社会科の授業や日常の指導を通じて、子どもたちの日常にある暴力の問題と人間社会が生み出す暴力（構造的暴力）の問題をつなげながら、「生身の人間の引き起こす暴力とそのぬきさしならない要因」をつかみ、「それを克服して生きることの価値」を理解させようとしている。

このように、日々の指導や教科での「学び」を通して、子どもたちの生活現実の中にある暴力の問題を彼らと共に発見し、これらの問題を平和的に解決していく取り組みを身の回りの生活からつくりだし、自治的な力を身につけていくことは、今後ますます重要となるだろう。だが、一方で、タイマン事件で俊次が語ったように、暴力を克服して生きることの価値が信じられないような厳しい現実にまだまだ私たちは直面している。

このような厳しい現実にたいして、平和な世界をつくりだせるという確信をどのように子どもたちのものにしていくのかがさらに追究されなければならない。そのためにも、学校―地域―社会のそれぞれにおいて暴力に対抗する世界を創造していくことが必要となるだろう。子どもだけでなく、おとなも生きづらいと感じる生活現実とそれを生み出す社会構造の問題を共に問うことが、暴力のなかにいる子どもたちが自身の自立の課題と向き合い、それを乗り越えていく上で重要な支えとなるのではないだろうか。子どもと共におとなも生きることへの希望を育むことが可能となるような自治と学びの取り組みを、学校から地域、社会へとどう広げていくのか。あるいは、学校のなかのこれらの取り組みと、暴力を生み出す要因を克服して生きることを追求している地域や社会の動きとをどうつなげていくのか。このような視点から実践を構想していくことが、私たち教師の課題となるだろう。

Ⅳ

話し合いから
学級の自治をつくる

実践　加納 昌美（東京）
解説　藤井 啓之

実践記録

3年A組の物語

加納　昌美（東京）

1　始業式

小規模校の単一クラス。一九名で一年をスタートしたA組は、女子の転入が加わり、三年では二二名、実質二一名で三年を迎えた。男子一三名、女子八名。いるべき女子が初めて全員いる始業式だった。男子のY男だけ、家庭内暴力の関係で欠席したが、翌日からは参加していた。それぞれが問題を多く抱えている子どもたちだ。私は二年から続けて担任となった。

昨年は、これまでの様々なぐちゃぐちゃしたものを、整理しきれないまま彼らなりに混乱しつつ出していた様子があった。もめごとも多かった。授業も居眠りをしない、提出物を出す、という目標の一年間だった。男子は二つに別れる。やや運動系で昼休みに一年とサッカーをするようになったアウトドア派と、室内で本を読んだり話したりするインドア派だ。アウトドア派のグループは、浩が一番だ。次に隆。大輔と双子の啓介、雅夫、利彦の三人は浩に気を使いながら付き合っている。その関係も昨年はそれぞれの課題として話していた。インドア派の中心は大輔だ。こちらはゲームや「二次元（マンガやアニメ）」が大好きな子たち。浩と大輔はお互いに認め合っている。いずれの男子も「幼い」し、「できないこと」が多い。

女子は、一年からの関係で、もめにもめ、数少ないなかでサバイバルな状態をこなしていた。そこに大きな問題を抱えた礼子が転入し、不登校だった志恵と図書室登校を続け、やがて教室に来るようになった。二人の参加は、教室に今までにない空気を出してもいた。

新一年生が九〇名も入ってきて、子どもたちは緊張（？）していた。この一年、「三年生として」やっていかなければならない。私自身も「この子たちを三年という立場や進路へ向かわせていきたい、しかしこのメンバーでどのようにやれるのだろうか」というような気持ちもあった。二年目の指導の見通しも「これからやっと彼らなりの自治を考えられる」期待と「初めての二年継続担任という私の知らない世界」への不安もあった。様子をよくとらえながら、彼らの次の歩みに関わり、彼らの世界の自治というものを探っていきたかった。

◆3年A組の子どもたち

浩　体は中柄。学力は中の上。鋭い一面と幼児的な面がある。地域サッカーチームに所属。一年時、担任にかなり逆らう。リンチ事件も起こす。運動系チームの中心。一人になると甘ったれる。

隆　低学力。母子家庭。地域野球チームに所属。運動能力は高い。浩が「隆は友達」と唯一認める。素直な性格で優しい。勉強ができないため、投げやりになりがちだが、浩と一緒だと頑張る。

良太　水泳に通う。人あたりがよく好かれる。体育祭実行委員を引き受ける。二年時に浩から離れる。

雅夫　母が二年二学期に家出・自殺未遂。カードゲームを持ち込む。修学旅行では車椅子。

啓介　大輔の双子の兄。浩のグループ。礼子にとって癒し的存在。

利彦　浩グループで浩にいいようにいじられる。一年の時、トイレでズボンを脱がされ下半身を便器にこすりつけられたりした。二年前半は指しゃぶりをしていた。学力は中の上。父が厳しい。

大輔　啓介と双子の弟。学力は高い。誰にでも信頼される。もう一つのグループのリーダー。体育祭実行委員を引き受けた。

T男　大輔のグループ。ゲームマニア。授業ではほとんど寝ている。低学力。

Y男　癲癇・アスペルガー。癲癇発作になると倒れ、意識がなくなる。自分のことを無視されたり馬鹿にされたりすると切れて暴れる。家庭内暴力もひどい。三年夏より卒業まで入院。

M人　かなりの低学力。指示されたことを理解するまで時間がかかる。体育祭実行委員に立候補。

カナ　小学校でいじめにあう。何かあると親が学校に乗り込んでくる。母はパニック障害うつ病。体育祭実行委員に立候補。
N子　母がタイ人でほとんど日本語は話せず、家のことや子どものことにはかまわない。経済的に苦しい。小学校時代にいじめられている。かなりの低学力。体育祭実行委員に立候補。
夕子　小学校六年で三カ月不登校。隆と付き合う。
マリ　母がタイ人。日本語が使える。クラスの状況をつかんで動ける。
礼子　小三の時父が家を出る。そのため母がうつ病になり、兄が私立中学受験の後不登校。礼子も私立中学一年一学期にいじめにあう。同時に母がリンパ性皮膚がんになり不治の状態で入院。礼子は私立を退学し二学期に転入したが不登校。母の死後、父と住む。母の死に関することなどでよくパニックを起こす。三年では登校。活動的、意見もはっきりという。気遣いをかなりする。
友香　父子家庭。学力、運動能力高い。生徒会、体育祭実行委員。
志恵　小学校でいじめられ、中学でも不登校だったが、図書室登校から少しずつ教室へ来る。

〈他の男子・女子〉

H男　言葉の教室に通っていた。体は大きいが気は小さい。学力はかなり低い。大輔グループ。
C樹　マスク少年。神経質。言葉をあまり発っせず黙って教室に座っている。大輔グループ。
U男　体は小柄。学力は高い。塾三昧。口は達者だが周囲との関わりは上手にできない。
C子　一年の時、私立より転入。不登校気味。カナとトラブり、その後上手くいかない。生徒会長に立候補したが、また不登校。行事には出てくる。学力は高い。

2　体育祭実行委員

委員会選出は「今年は、確実に委員長になる」と、みんな慎重になっていた。三月まで図書室登校だった礼子が、なり手のない保健給食委員に「じゃあ、私やるから」。浩の「おれ、委員長やらない」に「もう、じゃあ委員長もなってもいいから！」と平気で言い返す。そういう礼子の態度は今までにないものだった。

体育祭の実行委員が問題だった。女子は比較的早く候補が出たが、男子実行委員は昨年同様、誰も出ない。原田先生が原因。

「だって三年だから全校の長にならないといけない」「毎日朝早く来させられて、帰りも残されて」「いきなりいろいろ言われるし、怒るし」「わけわからないし」これまでの体育祭だけではなく昨年の体育との絡みなどもある。原田先生の影響が一番少ないのはM人やH男のおとなしい男子と、Y男だと言う意見も出た。

「でも、三年という立場でみないとならない」と言うと、昨年やった良太や、しっかりとしている大輔と言う声も出た。それには浩たちが、「気の毒」と言う。M人とY男が「やってもいい」と言い出した。時間も来たのでとりあえず保留。Y男は癲癇の発作を持ち、家庭内の事情もあって何度か学校で暴れている。大輔の首を絞めたこともあった。男子は上手に「浮かせて」いる。

休み時間に隆が「Y男はやばい」とささやくように言いに来る。そこにいた大輔に「どう思う？」と聞くと「うーん、Y男はやばいでしょ」と答える。「そうだよねぇ、どうするかね」と言いつつ、子どもたちの様子に任せてみようと思っていた。放課後に良太や大輔、友香たち数人が「M人は分かってないよね」「うん、名前が出てそういう気になっているだけ」女子で立候補しているN子やカナについても不安の声。

友香は「一、二年やったから、三年でやってもいい」と言う。私「そうなの？　なんであの時そう言わないの」「大輔も、もうそろそろ考えないといけないんじゃないの。これまで当たり障りないところでやってるじゃない。いつも逃げてるよね。昨年、浩と一緒にこの組つくっていく、って話したよね。良太も、もうそういうこと考えてもいいよね」

大輔は「うーん、でもさ、やる時はやっているよ、それに環境整備やらなきゃ」良太は「勉強と水泳でもう満杯」と、「やろう」とはならない。それはそれで二人にとって必要なことなのだ。特に良太は勉強と水泳を糧に浩から独立しようとしている。「そうだねぇ…。でも、私は大輔か良太がいいと思う」と言うと二人は「ええー」となった。

私は、M人やY男、カナ、N子でもいいかとも思っていた。そうなった時は子どもたちに考えさせていけばいい。でも、体育の原田先生には話しておく必要があると思った。「カナとN子、M人、Y男になるかもしれない」と言うと、「ええー、勘弁して」としぶる。「おれ、カナ家とはダメ」と困ってしまっていた。昨年、原田先生はカナの兄とトラブり、家とかなりもめた。「実行委員を男女四人ずつにしよう。そうすれば何とかなるかもしれない。できれば、そこに良太とか、浩もいい。加えられないかな」と頼まれた。彼にしては、珍しくしんみりしていた。

3　選出の話し合い

「全校的な立場では四人、体育祭の係とのダブりは良いことにしてもらってある」と伝えた。カナが「高校に行ったら体育祭がないのでやりたい」、N子は「やることで、自分を変えたいっ」と、ぶっきらぼうに言った。皆顔を見合わている。「どう考える」と聞くと、普段、N子の面倒を見ている夕子は「やりたい気持ちがあるんなら、やらせてみたらいいんじゃない」と出す。「でも、N子できるかのかな」とマリ。すると浩がしずかに「これで自分を変えようと言うのはおかしい」と出した。「全校という立場があると言うこと？」「そう、一年とか二年とか見なきゃいけない」、隆が「体育祭実行委員では変わらないいんじゃない」と出した。「一・二年への責任がある」「体育祭で変わらなくてもいろいろな場があるはず」と続き「やりたい気持は考えてやりたい」が混じり、話が続いた。昨年とは違う様子だ。結果としてはカナと友香になった。

しかし、男子は、やはりなかなか決まらない。「私は大輔・良太だと思う」と出した。浩は「良太、かわいそう、やらしちゃだめだ」と怒る。最終的に大輔が「考えてみる」と保留になった。

放課後、「大輔、どうするの」と聞くと、「うーん、わかってるんだけど…。用具係も結構大変だからやりたいし」、「もしやるなら、誰と一緒がやりやすいの」、「…良太がいい」、良太は「俺、もう嫌」と頑張る。そこにいたT男が「俺、大輔のためにやってもいいよ」と言う。T男は授業は寝てばかり、勉強はやらない、ゲーム三昧の子だ。でも、ゲームで大輔とはつながっている。普段も目立たない。でもなんとなく「自分」は持っている。T男の様子を見て、このクラスが変わってきたなと思った。大輔は「うーん」と言いつつ、良太を抱えながら窓に行った。窓の外を見て二人で何やら話している。しばらくして、大輔は「良太やるって」と振り返った。

4　カードゲーム

三年になって、男子がカードゲームをやりだした。母親が自殺未遂・離婚となった雅夫が持ち込んだ。男子全体に広がっていた。浩の動きが強いのだが、それだけでもない。浩のグループを中心に、インドア派の一部も加わっていた。休み時間になるやすごい速さで始める。朝も来るなりやる。給食の準備も時にはそこそこ。学活もなかなか始まらない。当然私は怒る。子どもたちは「もう、この回で終わるから」と言うが、その回がまた長い。怒られるものだから、感じが悪い。私は「でも、雅夫にとって、今、これしか楽しいと思えるものはないのではないだろうか」と思っていた。それに何だか楽しそうだ。

真面目な友香に「あれ、言わないの」と詰められる。成績の高いU男も「あれ、だめでしょ」

と言う。私は「授業に影響したらダメ」と答える。浩たちには「切り替えをしっかりやる。でなければ取り上げ・禁止！」と言った。様子も見てみたかった。

見ていくと、すべての休み時間にやる。「おとなしい」インドア派も皆、生き生きとやり始めた。授業との切り替えはきちんとした。しかし、私が関わる時間は「あと少し」とやる。近くによって「やめなさい」と言うと、「これだけ」と踏ん張り、こちらがいらっとすると、向こうも「うざっ」となる。機嫌が悪くなり悪態をつく浩を呼んで叱ることも増える。一度など「俺たちのことわかってない！　この学年の教師、全員うざい、嫌い」「もう、原田にもC先生にもやれるようになった。子ども扱いしないでほしい！」となることもあった。「けじめをつける」ことだけは、「やる」とは言っていた。

私が気に入らないのは、浩の周りでやっている他の子たちだった。浩が意識して止めるが、他の子が続けることも多い。でも、叱られると、それが自分でなくても言い返してくるのは浩だけなのだ。

いつも浩の動きで「事」が起きる。それがいじめのようになる時もある。そういう時は必ず何か理由がある。だいたいは話をごまかしたり、変に調子に合わせたりする時だ。めそめそするとさらに追い打ちがかかる。もっとも、浩のグループの子は、皆、はっきりと受け答えができない子たちなのだが。

でも、浩と一緒にふざけていると、ノッている。閉じたまぶたの上にマジックで「目」を書かれ、私に見せに来たり、ふざけて女子に迫ったりする。それを始めるのも止めるのも浩だ。逆に、調子が悪そうだったり、嫌な思いをしていそうな時に神経を使うのも浩だ。勉強も遊びも浩がいないと周りの子たちは「面白く」もないのだ。「浩とどう付き合うのか」が周りの子たちの課題だった。礼子やマリなどは「情けないよね」と言っていた。

私は、浩以外の子もまとめて叱るようにし、「けじめだったよね、ちゃんとやるって言ったよね、あれは何？　うそ？　もう取り上げていいよね」と迫り、その度に「わかってる、ちゃんとやる、後一回だけチャンスを！」と答える。

個別にも叱り、「自分を持つのが二年からの課題だったよね、自分で考えてやるべきことをやるんだったよね」と責めると「もうちょっと待って。頑張る」と健気（？）に答える。「うん、なんか俺だめだ」と言う時は、「そんなことはない、そういう、正しい自分も認識するようになった。○○のことはできてきている。成長はしている。でもまだ弱さがあるね。正しいと思うことに従えるようになって」と励ます（？）ことも多くあった。そういう点では、それぞれに迫るいい機会を与えてくれるカードゲームでもあった。

5　団わけ

五月十日、体育祭の団わけを実行委員と班長の合同会議で行う。他学年は二クラスなので、このクラスは一年の時から二つに分けさせられる。

浩は「一、二年、俺と隆は分けさせられた。今度は一緒になりたい！」と主張する。

私は「それは無理じゃない？　学級リレーは二年と組むでしょ」と言うと、「その代わりに、ほかのメンバーを遅い方からとか、組んでいい。そうすればだいたい同じになる。他の競技だってあるし」「色別リレーはどうすんの」などというやりとりが、何度かクラス全体の前で行われていた。

団わけの会議では浩が班長の隆の隣に座ってニコニコと参加している。真面目な友香が「いいの？」と言うが「秘密の会議でないから別にいいよ。礼子も側にいるじゃない」となって始まった。浩は隆と一緒を主張した。実行委員の先生を呼んで、事態を見ておいてもらった。「ちゃんと言ってごらん」と言うと、浩は「エー、僕と隆はずっと別々に組まされてきました。でも、中学校最後だから楽しくやりたい。一緒にしてください」と言った。「そおだよなぁ」と隆が応援する。皆から「浩と隆が組んだら、すごい差がつく」と出た。浩に案を黒板に書かせる。浩は「これだと早さはだいたいおんなじになる。ムカデはもともとそんなに関係ないし」ムカデは、あまりにできないので、今年はこのクラスだけ人数を少なくしてもらった。「力試しは得意なのを組んであるし」と説明する。「でも、色別リレーは…」「バトンゾーンの問題が大きい。去年、俺追いぬけなかった」「転ぶこともあるし」「いや、そこまでは違うでしょ」などと進む。

「どうするの」私の問いに、大輔は「本人たちのたっての希望だから通していこう。全員リレーはこれでＯＫだと思うし、色別は我慢してもらう、最後の体育祭なんだから。他の競技の合計で決まるんだし」と珍しくとうとうと話す。良太も「いいよ、これまでは我慢していたんだし。俺たち最後だし」浩は「ずっと、隆と争うのいやだ。仲良しだから」隆も「うん、一緒にやりたい」「ほかの人、どうする？」夕子は「今回は、一緒にしてあげたい。今までだめだったから」と、「いいよ」の意向が続く。

ところが、カナは違う。

カナ「全員リレーはフェアにしたけど、色別リレーはそうならないじゃない」

私「色別は華だもんね。カナも出るよね」

カナ「今年は最後だから頑張りたい。浩と隆が同じチームなのは嫌だ」

私「二人が楽しくしたいのは理解するの？」

カナ「それは分かる…でも困る」

私「勝ちたいんだ」

カナ「最後だから勝ちたい。高校行ったら体育祭ないし…」

皆黙っている。

私「別のことだね。勝つようにするか、楽しくするか。他の人は勝ちたい？」

友香は、「楽しくしたい方でいい」やや強い感じで言った。

他の子は「それでいい」。カナはしばらく迷っていたが、最後は「楽しい方でいい」と言った。朝練習については、浩は「俺、やらない。大縄跳べるし」と言う。皆は、「去年のように飛べない人が飛べるようになればいい」と、「技術向上の朝練」となる。カナが「でも最後は皆で練習したい」と言うと、浩は「放課後は時間内はやるよ」となった。「勝っても楽しく、負けても楽しく、かな」と言うと「それでいい」となった。

この内容をクラスに実行委員から出してもらう。大輔は「…そこにいた人のほとんどは、最後だから、浩と隆を一緒にしようとなりました。朝練は強制しない。出られる人は出て練習する。放課後は全員参加する」と説明した。マリが不満を出したが、大輔たちが話すと「まぁ、いい」となった。

6　修学旅行

修学旅行は、東京の公立中学校では例がない沖縄だ。添乗員もわけのわからないことばかりで、行く先々で次の様子を考えていく。なかなかサバイバルだった。時間も押せ押せだ。最大のサバイバルは通勤電車に大荷物を持って乗り、新宿で乗り換え品川まで、迷子を出さずに行き切ることだった。何とか乗り切り、飛行機に乗り、歩きの強行軍で疲れ果てたところ、平和の話を「正座」で誰も居眠りをせずに聞いていた。

沖縄の海では、歩くだけのはずが、浩グループのおとなしめの子たちが裸で入り、びしょぬれの服をガイドさんに怒られた。

志恵も参加した。今まで不登校で支えないといけない子というイメージだったが、ホテルの部屋では、礼子や友香と一緒に女子の悪口も言うようになった。

礼子は昨年亡くなった母親のことが自分の中で整理できていない。時々ひどく落ち込み、混乱する様子になる。それを周りの子たちが気遣う場面もよくあった。バスガイドが沖縄の戦争の話をすると、礼子がおかしくなる。それを気にして、マリなど「バスガイドの話を止めてもらったら？」「礼子、ずっと黙ってる、大丈夫なのかな？」と気にしていた。

全部が集団行動で、学級委員の夕子とU男は度重なる点呼に必死になり、…と何だか珍道中なところもあったが何とか無事に行ってきた。

修学旅行へ行く前に、雅夫が足の捻挫をした。松葉杖の生活だった。「雅夫は動けるだろうか」とクラスで話していたら、浩が「俺、荷物持つ」と言った。保護者会で話すと、父親が浩に「頼みます」と電話した。それを浩が私に「おれ、頼まれちゃった」と言うので、「そう、じゃあ、交代に荷物持ったりする？」と聞くと、「いや、大丈夫、俺やる」と答えていた。

当日の朝は浩が雅夫を連れてきた。車椅子を浩がほとんど押して通した。「これ、力だけじゃないんだ、けっこう難しいんだ」と得意そうだった。でも、次第に疲れたのだろう、浩は二日目から不機嫌なことが増え、私と「すれ違い」の状態が増えた。ホテルでは「来るな、うざい！」

と切れていた。それでも最後まで車椅子を押した。

三日目、見学の後、アイスを待っていた浩に、時間を押したい私が、「三〇秒で出来るなら」と言ったため、買うのをやめた。バスに乗る時「あ、買うのやめたんだ」と言ったら、完全に切れ、最後まで露骨に逆らっていた。しかし、実は沖縄で別の「事件」が起きていたのだった。後でそれが分かった。

7　隆たちの反乱

浩は沖縄から帰ってからも不安定だった。朝怒っていたかと思うと、昼には寄ってくる。理由もわからない。

やがて、体育祭練習が始まった。大縄跳びなどの朝練は出ようと思う子が出ていた。昨年と違って浩もおおっぴらに出ないことが許されている。逆に良太や利彦も浩に気兼ねせず練習に来た。大輔は毎朝来て毎回縄を回していた。放課後は全員いる。昨年は競技に参加しなかったC子や志恵や礼子が混じるので思うようにかみ合わない。疲れて休むと、浩や隆たちが遊び飛びをし、他の子も加わったりした。浩は二年の方に行ってみたり、一緒に飛んだりもしていた。実行委員がやり方を考えつつリードしていた。昨年と違い和やかだった。

放課後は教室で男子が皆でカードゲームをする。その側で、成績の高いU男は塾の宿題をやっている。礼子は父と暮らす家に帰りたくなく、マリや夕子と話をする。礼子は、母の関係の「落ち込み」「混乱」がよくあり、座り込んだり、いきなり教室を出たりすることも続いていた。「兄が癒し。その代わりの啓介」と浩グループの啓介に絡みついたりしていた。礼子の状態にも気を使いながら一時間ほど過ごしていた。

ある放課後、礼子と夕子と隆が「話をしたい」と言ってきた。女子会の場所の美術室でやりたいと言う。

啓介・浩がふざけて二人に抱きついたと言う。「でもね、それはいつもと違うの」と話し出した。隆・良太も後から来ると言う。

昨日、礼子・夕子・カナ・隆・浩・良太・啓介が残っていた。夕子と隆が付き合っていることは、浩には内緒だった。沖縄の夜、浩が隆に「お前、誰がいいんだよ、マリかぁ夕子かぁ？」と絡んだ。

「おれ、夕子と付き合っていることをごまかし通した」。だから浩は夕子たちの胸を触ったらしい。なるほどと思った。それが浩の変な様子につながってるのかも、と思った。

私「それはまずいかな。隆と浩の間なのにね」

礼子「私もそう思ったから、話せって強く言ったんだ」

隆「だって、続くかどうかわかんなかったから」

夕子と隆は浩に報告した。

私「なんで浩に報告しないとならないの？」

夕子「だって、沖縄で隆、嘘ついてるし、私も浩とは前から何でも話しているし…」

私「まぁ、まずいよね」

礼子「だからちゃんと言った方がいいよって勧めた」

隆「そしたら浩は本気で怒った」

礼子「心からの土下座もの！　って言った」

隆「でも、それはさすがにしなかった」

私「えらいじゃん、その辺、隆の課題だもんね。でも、浩が怒るのはわかるな。嫌だったと思う」

礼子「そう、一人だけ知らないんだから」

隆と良太は野球やら塾やらの関係で「また来る」と出ていった。

二人がいなくなって少しすると、今度は浩がサッカー部を抜けてきた。浩は礼子に「怒ってる、よね」と聞く。礼子は「胸触ったこと？」。

浩「夕子も。悪かった、謝る。啓介にも謝らせる。今日、二人とも怒ってたでしょ、それを言ってもらえなかったから困ってた」

夕子「だって浩しつこい。啓介に謝らせるのはいいとしても、はぶったりしないよね」

浩「あ、それはしない」

礼子「すごく嫌だった。でも、もういいけど」
　浩は「もうしないから」と言って、またサッカーへ戻った。
　そこへまた隆と良太が来た。
隆「浩はもう嫌だ、利彦もおんなじ気持ち」「なんで土下座とか言われなきゃなんないんだ、（いつもいじられている）利彦だって本当は我慢している。良太も利彦も一緒にどうしようか相談してた、雅夫もいた」
　隆は昨年から、浩の言うことを聞かないといけない状態を何とかしたいと言っていた。しかし、「浩は面白いし優しい。でも断りたい時に断れる自分になりたい」と言っていた。その辺を私と話し続けていた。良太は二年の終わりに浩と仲たがいをし、大輔グループと行動することも増えた。三年では「断る」こともしながら、一緒に遊ぶこともできるようになった。浩と上手くいかないこともあるが、「その方が楽だ」と言った。
私「それは前からのあんたたちの課題。自分を持って動くって。で、どうするの？」
隆「今、考えてる、相談してる、浩に反抗する」
私「フウン、でも、浩は自分で孤独だって言ってたことあるよ。平等になれないって。良い時は楽しませてもらってるんじゃない？　浩が頑張るから漢字の練習もやるじゃない。雅夫の車椅子だって…」それは二人とも認める。

良太「浩の家って厳しい。そういうのが学校で出ている」

私「サッカーもあるしね、あれ、言わないけど結構大変、あんたたちだってそうでしょ」

そこから、自分の家の厳しさとか野球や水泳の大変さの話が出た。

「啓介は？」と聞くと「啓介は何も考えていない」と言う。「でも悩んではいるよ。同じ家に同じ年に生まれて、同じ物を食べているのに何で大輔とこんなに違うのかって言ってるよ」

礼子「啓介はいいよ、人間的にいい」

夕子「大輔は表はすごくいいけど、冷たい。いざとなると自分のことが優先になる。浩もこんなふうに自分のことを話せればいいのに」と続いた。

このことは、夕子が「隆は浩の言うとおりにばっかりしているのはおかしい」と話したことから始まったらしい。「じゃあ、どうしたらいいか、宿題ね。自分たちで考えてごらん、自分たちの課題でもあるんだから」「そうする」と言って皆帰った。

皆が帰った後、浩がまた来た。

浩「ねえ、あいつら付き合っているの知ってる？」

私「知ってるよ。浩、後で知らされたんだよね」

浩「そんな気もしてたんだけど」

私「沖縄でカマかけた？」

浩「かけた。そしたら違うって言うからさ、そうじゃないかと思ってたんだけど…あいつ言わないから」
私「ちょっと、いやだった？」
浩「やだった」
私「土下座って言ったんだって。まぁその気持ちもわかるけど」
浩「あの時、マジ辛かった。あの日、俺、サッカー行けなかった。初めて行けなかった」
浩がこれを言えたのはうれしかった。

8　浩

翌日、放課後、礼子と夕子が美術室で自分たちが過去にいじめられていた経験を話していた。そこへまた浩が来た。礼子たちの話を聞いて、浩は「俺、小学校の時、いなくなればいいって先生に言われた、皆のいるところで」と話しだした。「それはひどい」と話し合った。夕子は「でも、浩も私の小学校のいじめに加わったよ。今、その時のことが時々浮かんできて、浩に怖さが出る。何も言えなくなっちゃう」と言った。浩は「あん時は、まぁ悪かった」と言った。またサッカーに行った。

夕子に「隆たちはどうすんの？」と聞くと、「浩に反抗するって言ってるけど、加納が言ったので考えてはいる」とのことだった。これまで自分を出せなかった隆や良太、特に一番弱虫の利彦が、どうにかしよう、とやっとなったと思った。つるんでいるのが少し気に入らないが、こういう時期も必要だろう。どうするのかじっくり見ていきたいと思った。

一方、体育祭の練習は続いた。全校練習や予行も行われた。礼子の母絡みのパニックや、大縄が思うように飛べないことや、二年との全員リレーの練習など、結構忙しい。隆と良太は浩グループの登校行列をやめ、単独で登校するようになる。隆は休み時間は一人で本を読み、良太は大輔と一緒の行動が増えた。

私は、もう一つのグループのリーダーである大輔も、今の状態を知っておくべきと思い、隆・良太・夕子・礼子を加え説明した。大輔は礼子の境遇のことは「そういうドロドロ、俺、苦手なんだけど」と言いつつ、聞いていた。隆たちのことは「そうなってたんだ、なんだかおかしいとは思ってたけど。てか、先生、浩、特別扱いしてない？」と言うので、「この組は、皆いろいろある。だから、それぞれに課題が違う。違っても平等」と話していくと、そこにいた他の子も一緒に説明し始めた。大輔は「ああ、それならわかる」「でも、俺、浩嫌いじゃないんだけど、どうしたらいいだろう」と言うので、「何もしないでいい。体育祭を最初の目標どおり、進めてくれればいい。でも、知っておかないと」。大輔は「わかった」となり、具体的な体育祭の相談になった。

翌日、浩を叱る件があり、啓介と一緒に朝来ることになった。ここのところの様子で浩にきちんと話そうと思った。N子の体育祭実行委員立候補の時の話し合いや二年との昼サッカーの様子、雅夫の車椅子のことを褒めた。大輔の気持ちも話した。「浩は自分を持つ人がいい、同等がいいって言ってたね。でも、人に何かやらせてしまうとか、課題はあるよね」と言うと、「あ、それはわかる」と答えた。「機嫌をとる、言うとおりになるのは嫌なんでしょ」「そう」「でも、それをわかっていてやることもあるでしょう？」「ある」「浩の言っていることって、合っていること多いんだよ。でも、浩の考えていることが伝わらないことが結構ある。そういうの、何とかできないの？　去年、大輔と浩がこの組のことを考えていって、と私が言ったのは変わらないよ」「わかった。考える」と終わった。

9　体育祭

体育祭の練習は、自分たちで進め、その結果は自分たちのこととして受け入れさせたかった。できるだけ、実行委員を表に出した。友香や大輔が考え込んだり、強く指示する場面も起きるようになった。マリや夕子もそれに加わった。

六月九日、当日、子どもたちは一生懸命だった。三年という立場を意識し、競技も係仕事も本当によくやった。大縄は雨だったが、自分たちで円陣を組んで張り切っていた。そこで、事件が起きた。あまり朝練には参加していない回し手のY男が、一番前で飛んでいた利彦を「てめえ、いい加減にしろ！　ふざけんな！」と怒鳴り、蹴り飛ばした。一回目終了後だった。私と副担でY男を抑え、「やめなさい、薬を飲む？」と聞く。「いや、やる」と言う。騒ぎで全校に迷惑をかけると思い続けさせた。二回目、子どもたちは浩の指示で並び順を素早く変えていた。

終了後、利彦とY男を連れだす。利彦は「おれはふざけていない。一回は失敗した。そう言うなら、そう見えたかもしれない。でも違う。蹴られたことよりふざけたことを言われたのが嫌だ！」と言い張った。昨年は「指しゃぶり」をしていて、浩グループの一番下っ端で、いいようにいじられていた利彦が立派に見えた。

教室に戻ると、全員静かに座って待っていた。Y男の病気もあり結果は言わず、よく頑張っていたことを話していると、他学年の先生が写真を撮りに来てくれた。全員で写真を撮り、帰そうとすると、浩が弁当を開け出した。マリが「腹減ったー」と言う。本当は雨天のため、早く終わらせたので、下校させないといけない。放送もかかっていたが、副担と相談し、食べさせた。「十分で食べて」と言うと、本当に一生懸命食べていた。その後のことではもめなかった。

その後、利彦の希望で大輔を中心に「利彦のための班替え」をする。浩と隆もこれまでずっと一緒だったが、別れた。隆は浩と「普通に付き合う」と言い、自分のペースで動くことが増え、浩も自分の課題を意識し始めた。

班長会で、「二学期の班の構成・学習発表会のやり方・進路のこと・カードゲーム」について話し合った。カードゲームは「二学期はもうやめてもいい」と最初は言っていたが、私が「あなたたちにとって、やる意味があるなら、ルールを守ってやってみたら？」と出すと「息抜きにいい」「頭を使うからかえって休める」「トラブルは起きていない」「男子皆がやれる」と出てきた。「授業の始め・学活は止める」「他学年には広めない」「問題が出たら班長会か全体で話し合う」となった。それらを新学期に大輔が代表でクラスに出した。

カードゲームは、男子全員がやっている。カードゲームの前では力関係が無くなる。「けじめがつけられないなら禁止！　それはこれから必要な力でしょ」と迫れた。最近は「これで本当に終わるから…」と早く終わるようになっている。保護者や見学者が来る時はきれいに片付けている。カードゲームのおかげか、隆たちの独立が関係してか、グループが混合し、十一月のこの頃は、ずいぶん穏やかさが出てきた。

解説

一人ひとりの発達を保障しながら集団の関係を組み替える

藤井 啓之

1 現在の中学校はすべての生徒一人ひとりの発達を保障しているのか

加納さんの勤務地域では中学は学校選択制をとっている。その結果、実践を読んでわかるとおり、加納さんの中学校には困難を抱えた子が集まってくる。選択制でない「標準的な」中学校の場合、多くの教師は「よい子」や「中程度」の生徒に照準を合わせて授業や生徒指導をおこなっているのではないだろうか。何か問題を起こさない限り、困難を抱えた生徒たちは、目立たない子、やや遅れがちな子とみなされる程度で、その困難について指導の対象とされることはまれだろう。彼・彼女らは教師からもクラスメイトからも注目されず、教室の隅でひっそり暮らしてきたか、場合によっては、学校にうまく溶け込めず不登校になっていたのではないか。

しかし、「標準的な」学校が、「よい子」や「中程度」の子どもに照準を合わせているといっても、全員を同一の規格化された学力や規範的な行動に向けて訓練しているのが実情ではないだろうか。そういう意味で多くの中学校では、困難を抱えた子どもだけでなく、「よい子」や「中程度」の子どもたちも、生理学的に固有の感覚や気質を持ち、社会学的に固有の生育歴、固有の生活環境、異なる将来像を持って生きているユニークな存在として処遇されているわけではない。

中学生の発達を学校において保障するとは、個々の生徒のユニークさを教師が承認し、また生徒も相互承認し合えるようにしながら、個々の子どもたちが個性的に発達課題を克服し、個性的な発達課題の克服が、同時に他の個性的な子どもの発達課題の克服を促していくようにしていくことではないか。そういう意味で、困難を抱えた子ども一人ひとりのユニークさに細心の注意を払いながら、子どもたち相互の関係を形成していく加納実践は、困難な子への対応という枠組を超えて、現代の中学校において生徒の発達を保障する生活指導実践の一つのモデルを示しているということができるだろう。

2　個々の発達課題への着目と弁証法的な発達観

加納さんは、子どもたちの行為・行動を規範的視点から形式的に評価せず、まずは、それが個々の子どもの発達課題の克服にとって意味があるかどうかを吟味する。おそらく一般的な中学校では、カードゲームをやることはおろか、学校に持ってくることさえ禁止するだろう。ところが加納さんは、そういう杓子定規な対応は取らない。家庭の問題で大きな困難に直面している雅夫にとってカードゲームは必要かもしれないと判断したり、カードゲームのために給食準備や学活等への切り替えがきちんとできないときに、その反論をすべて浩に任せて物言わない周りの子どもたちの問題を発見したりしながら、「それぞれに迫るいい機会を与えてくれるカードゲーム」と評価する。また「あなたたちにとって、やる意味があるなら、ルールを守ってやってみたら?」というように、そのことを子どもたちにも直接問うている。つまり、様々なものごとを、発達課題を発見したり、発達課題を克服させたりするのに役立つかどうかという観点から評価しているわけだ。このような事例は加納実践において枚挙に暇がない。「不登校で支えないといけない子というイメージだった」志恵が、「礼子や友香と一緒に女子の悪口も言うようになった」というように、悪口を頭ごなしに悪いことと考えず、発達上の前進と捉えるのも然り、「一番弱虫の利彦が、どうにかしよう、とやっとなった」ときに「つるんでいるのが少し気に入らないが、こういう時期も必要だろう」と判断するのも然りである。

ここに見られる加納さんの指導の根底には、発達に関する弁証法的な思考がある。加納さんは、「悪い行為→良い行為」、「できない→できる」というような直線的な見方で発達を捉えない。一般的には問題であると思われる言動も、前進のための後退、前進のための停滞かどうかを見極めようとする。このような表面的でない発達のとらえ方が、加納実践の一つの軸になっていると言えよう。

3　もう一人の自分を育てる

この発達の弁証法的な思考は、加納さんの子どもへの関わり方にも現れている。浩の「自分を持つ」、「自分で考えてやるべきことをやる」という二年生の頃からの課題を達成できていないとき、浩が前向きに頑張れそうならそれを「責め」、浩が「俺だめだ」と自己否定的になっていたら、「そんなことはない」、「正しい自分も認識するようになった」、弱さはあるけど「成長はしている」と「励まし」ていく。こうして、加納さんは、子どものなかに、怠ける自分を律し、くじける自分を励ます「もう一人の自分」を生み出し、弁証法的な前進運動をつくりだそうとしている。

思春期は、全能感と無力感、理想主義や潔癖さと現実主義や不純さの間での振幅が大きい時期である。だから、中学生は、良くも悪くも「暴走」してしまいがちだ。そういうときに、子どもの心を支配している考えと対立する視点を示して、冷静に考え、悩みながらも前進できるように手助けしていくことは、中学生の自立にとってきわめて重要であると言えよう。

この、「もう一人の自分」を育てるという教師の働きかけが、浩には、対等な友だち関係を築けない友達への不満を顕在化させ、隆、良太、利彦らには、浩と遊ぶときは遊び、断りたい時に断れる自分になりたい、という願いを顕在化させることにつながっている。それぞれに「もう一人の自分」を育てることにより、それぞれが発達課題を克服することが他者の発達課題を克服する条件となるような子どもの相互発達関係をも作り出している。

4 課外時間の自由の確保

学校においては、全員が一つの目標を目指して一致団結して取り組むことがあらゆる価値に優先するように考えられがちである。とりわけ学級対抗行事などでは、学級の目標のためなら個人は少々犠牲にされても仕方ないと考えられることはめずらしくない。たとえば、体育大会での大縄跳びや合唱コンクールでの早朝や昼休みや放課後の練習などがそうだ。しかし、加納実践では大縄跳びの朝練習は自由参加となっている。自由時間の自由参加は二つの点で重要であると思われる。

第一に、大縄跳びで勝ちたいと思う子もいれば、そうでもない子もいる。練習しなくてもほぼ跳べる子も、そうでない子もいる。そういうときに、強制参加にしてしまうと、全員参加派の生徒は、他人の自由時間まで奪っても当然だと思ってしまう。課外の練習は実行委員会形式で取り組み、自由参加にすれば、自由時間に協力してもらうという対応になるので、呼びかける側は呼びかけ方に工夫をするようになるし、断られても仕方ないので不満が小さくなる。また、呼びかけられた側は、断ることもできるが、参加するときには気持ちよく参加できる。これによって、実行委員は呼びかけに工夫をするようになったし、練習は強制参加だった昨年の練習とは異なり和やかな雰囲気でおこなわれている。

第二に、自由参加は、一部の生徒たちが「結束して」参加したり、サボったりするという問題を無効にしてしまう。そのため、良太や利彦が浩に気兼ねせずに参加できるようになり、彼らの自立の条件を生み出している。

5　友情と恋愛の相談を持ちかけられる教師

友情と恋愛と性についての考えを深めるというのは思春期の重要な発達課題だろう。しかし多くの中学校実践では、とりわけ恋愛問題は、教師や生徒の間で噂話になることはあっても、明確に指導や相談の対象として位置づけられることは少ないのではないか。こうした雰囲気のなかで、子どもたちは、他者からのアドバイスが必要であっても一人で悩みを抱え込むか、せいぜい身近な友達に相談する程度にとどまり、教師などのおとなに相談することはまれなのではないか。

ところが、加納実践においては、友情と恋愛の板挟みになっている子どもたちが相談に訪れている。この実践記録では、すでに修学旅行の時から子どもたちの関係がこじれており、おそらくそれが理由で浩の不安定な状況を生み出していた。子どもたちがすぐに相談に来たわけではないので、加納さんも浩の言動を理解しかねていた。しかし、双方が加納さんのところに相談に来たことで問題も明らかになり、加納さんは浩の言動も理解することができた。また、自分に内緒にされたのが「いやだった」と浩が加納さんに心情を吐露することができたことは、おそらく彼の不安定の解消にとって重要な契機となっただろう。

恋愛相談への対応はどのようなものが望ましいのかについては、教師の年齢や性別など多様な要因も絡んでくる問題であり、さらに研究と実践の蓄積が必要だろうが、いずれにしても、いざとなれば教師に相談に行けるという教師―生徒関係があることが大前提になる。そして、この関係は、「皆いろいろある。だから、それぞれに課題が違う。違っても平等」というように、どの子の発達課題とも付き合っていく加納さんの関わり方によって生み出されている。もちろん、加納さんのように一人ひとりの子どもの発達課題に付き合っていくには、教師の負担は並大抵ではない。その点では、現在のクラスサイズは明らかに大きすぎる。多感な中学生の多くの発達課題をクリアしていくためには、教育条件の大幅な改善も必要不可欠だろう。

コラム

部活指導で大切にしたいこと

栗城　利光

1　部活指導の〝魔力〟

中学校教師にとって部活指導は、授業づくり、行事づくり、そして「生徒指導」と並ぶ四本柱といっても過言ではない。どこの中学校に勤務しようと、部活顧問を免除されるということはまずない。ならば、部活指導を生活指導と集団づくりの観点から、より有意義なものにしたいものである。

しかし、部活指導には〝魔力〟のようなものがある。その〝魔力〟にはまってしまう教師がいかに多いことか。部活指導の〝魔力〟とは、勝利の甘美であり、従順な生徒の存在である。部活動の指導者は、勝利に喜ぶ生徒や保護者に感謝され、自分の指示に従順な生徒のなかに自らの指導の優位性を感じて、それに反発するものを許さない。いや、そもそも部活指導には反発を許さない空気が存在している。それは命令と服従の関係性である。

2　めざすものは何？

（1）勝利

様々な部活動があるので一概には言えないが、多くの部活動は、勝つことをめざしている。私の場合、長く運動部の、それも小規模校の弱小部の顧問だったため、負けてばかりであった。一勝することの大変さと喜びを生徒とともに味わい、感動を保護者と共有することで生徒の成長を実感することができた。「負け」から学ぶことも多かった。

（2）勝利至上主義はダメ！

しかし、勝利をめざすことと勝利至上主義とはまったくの別物である。勝利至上主義は勝つことを唯一の「善」とし、勝つことのみを目的とする。「負け」は無価値で、意味のないものであり、評価に値しない事柄である…。そこまで非情ではないし、そう考えていない！　と多くの教師は言うだろう。しかし実際は、こうした価値観に覆われている教師、職場がいかに多いことか。

近隣の公立中学校でこんなことがあった。強力な部活顧問の異動に伴い、前任校の主力メンバーが大挙して転入してきた。元からいた部員を退部に追い込み、県大会、関東大会に進出した。疑問は感じるものの、結局、勝利の名の下に批判は許されず、例外（「あの部活は特別！」「あの先生は別格！」）という雰囲気で黙認されてしまう。しかし、これは全くの誤りである。

3　（負けても）価値ある部活指導のポイント

（1）指導目標を明確にしよう！

「○○という部活動を通して、人間としての全面的な成長を図る」。「体を鍛え、心を鍛え、人とつながり、協力・協働・連帯の力を学ぶ」。「勝利をめざし、より高いレベルでプレーする」。勝っても負けても、入賞してもしなくても、子どもたちは、そこから様々なことを学んでいく。人間として成長していくことが部活指導の一番の目標である。

（2）指導方針は？

「厳しく、楽しく、真剣に」「快い緊張感と礼儀・あいさつ・マナー」「全員参加」「誰もが伸びる」「日常の学校生活を大事に」など、教師のねらいや考え方を明らかにして、具体的な練習の場面でていねいに評価していくことが大事である。

（3）部活指導における「集団づくり」

部活動における「集団づくり」で最も大事なのは話し合いの指導（＝討議づくり）である。自分たちの考えをまとめ、〝意を決して〟顧問のところにやってくる生徒たちのなかに、私は集団づくりへの可能性を見る。

ある時、こんなことがあった。土日の練習試合で悔しい惜敗をした次の月曜日、顧問の私が、「ここをこうすれば…。こんな練習をすれば…」と意気込んでいた時、部長・副部長がやってきて、こう言うのだ。「今日の練習は休養日にしたいのですが…」と。「何を…」と思いながら、理由を聞くと、土日の疲労や今週の練習計画などをリーダー会で話し合ったようなのだ。後輩からも意見を聞いて〝意を決して〟顧問のところにやってきたのだ。言われたことをただこなすのではなく、こうした生徒集団（＝自治的集団）をつくることが、大事なのではないかと思う。

（4）教師の立ち位置と保護者との共同

部活指導は基本的に時間外勤務である。使命感だけではやっていけない。教師の仕事はエンドレス。平日のハードな激務に加えて土日も部活に時間を費やすならば、身はもたない。使命感で部活をやってはならない。「楽しむ」ことである。カルチャースクールやスポーツジムに通う感覚で自らの心と体を解放させるリラックスタイムと位置づけるくらいの気持ちで…。保護者との関係も力まない。保護者はわが子の出場と活躍を願っている。それに応えればよい。一緒に部員の頑張りをほめ、いたらなさを叱り、可能性を信じる。多忙極まる現代教師の部活指導の極意は、すこしの「遊び心」と余裕をもつことである。

V

進路をみつめ、進路を拓く

実践　伊吹　望（滋賀）
解説　福田 敦志

実践記録

俺の人生ゎここから

伊吹　望（滋賀）

1　はじめに

毎年新年度が始まる時、私には、自分の教師としての指導の原点に立ち返り、決意を新たにするために読む文章がある。それは、藤木祥史氏（元京都公立中学校教師）が二〇〇二年の全生研全国大会で提起した分科会基調の次のようなくだりである。

「最も困難を抱えた子どもが見る現実こそ社会の現実である」ことを知り「彼らから見える現実を変えていくことが社会変革なのだ」と教えたいし、教える教師になりたいと願う。その夢の実現は教師集団を変え、保護者を変える。仲間と教師に支えられて荒れを克服した子どもは、他者への信頼感のもとに、地域で生きる青年として育ち地域を育てる。底辺労働者（非安定雇用労働者）から見える社会の現実を、彼らが変革すべく連帯し、行動に移す時、社会変革は始まる。

子どもの荒れに立ち向かうときは、夢に向かって進むときでもある。夢をストーリーに仕立てていく喜びを楽しむことである。日々の上っ面な平和のためとか、真面目な生徒の権利を守るためなどという動機で関わると、彼らはいとも簡単にはねつけてしまうのである。（以下略）

（全生研第44回全国大会紀要【一般分科会―第二分科会「荒れ・暴力の指導」中学校分科会基調】所収）

私はこの文章を読むことで、「困難を抱えたこいつらと共に生きていこう」とあらためて決意し、自分自身を鼓舞するのである。

その年は、この文章をいつになく繰り返し読んだ。これから入学してくる子どもたちの困難さと向き合ったとき、そのしんどさゆえ自分の指導が学校秩序への適応指導や排除の方向に揺れ動いてしまうのではないかとの一抹の不安を払拭するかのように…。

T中学校は、滋賀県の湖東地域にある学年二クラスの小規模校である。学区は交通の要所でもあり、駅周辺には賃貸アパートが多く立ち並ぶ。都市部からのUターンや周辺地域からの流入も多く、母子家庭も多い。学区内の小学校は一つで、この学年は小学校から近年最も大変な学年と申し送られてきた。わずか七〇名足らずの生徒の引継ぎに半日以上を要したほど課題が多かったのである。私は、その年の三月、学年主任として卒業生を送り出したばかりだったこともあり、「この子らは、卒業させるまで私が責任を持ちます」と校長に申し出て、この学年の主任をすることを引き受けた。

大きな課題を抱えた生徒は六名。かれらの入学に当たって、可能な限り一人ひとりの成育歴を洗い出し、分析した。かれらに共通するのは低学力であるということと、幼少期に形成されるべき愛着が母親不在もしくは虐待によって獲得されず、愛着障害に陥ったということである。我々学年教師四名は、かれらを決して排除せず、とことん寄り添っていくことを基本方針とした。かれらの自立は愛着障害を克服していく過程のなかで育まれるものであり、その愛着障害の克服には親が果たしてくれなかった安全基地の役割を肩代わりする第三者の存在が必要となるからである。

また、校内研を通して、学年の教師のみならず全教職員がかれらの生育歴と自立の課題について共通理解し、関わっていった。

一年生では、入学当初から様々なトラブルを起こすケンヤを最も大きな課題を背負わされた「K*」と位置づけ、定期的に訪宅できるよう担任のK子先生と私による学習援助を続けた。ケンヤの衝動的、暴力的行動は徐々に減っていき、学年全体も教師主導の下ではあったが、何とか秩序を保っていた。

二年生になると、ケンヤ、ムツオ、シンジは、新入生の一部が持ち込んだツッパリのスタイルと文化に感化されはじめた。二学期に入ると、様々なことを理由に授業に遅れはじめ、教科によってはエスケープをすることも出てきた。また、シンジ、ユウマ、ムツオは外泊が続き、生活リズムが一気に崩れた。三月末には、この三人と下級生の二名が学校近くの空き家に不法侵入し、逮捕された。

＊「K」とは、発達上の重い課題（Kadai）と苦悩（Kunou）を背負わされた子どもへの愛称。【参照】京都府生活指導研究協議会『「Kの世界」を生きる』（クリエイツかもがわ、二〇一三年）

2 大きな課題を抱えた生徒たちのプロフィール

【ケンヤ】

小学校で最も暴力的で逸脱を繰り返した生徒である。二歳の時、父親のDVが原因で母が姉を連れて家を出て以来、長距離トラックの運転手をしている父とその祖父母に育てられた。自分の攻撃性と衝動性をコントロールできず、体育以外の授業にはまともに取り組むことなく教室を飛び出していた。小六の時は授業に入らず、別室（ケンヤの部屋）を作ってもらい、一日の大半をそこで過ごしていた。

小六の夏、父親の許しで母親と十年ぶりに再会した。その時、母親が「たとえ離れて暮らしていても一時もケンヤのことを忘れたことはない」と泣きながら肌身離さず持っていた写真を見せたことで、尖がっていたケンヤの体と言葉は少しずつ柔らかさを取り戻していった。

低学力だが、運動能力は高い。中学校で陸上競技部に入部し、尊敬できる先輩と出会うなかで競技にのめり込んでいった。他の課題を抱えた生徒たちのなかでボス的存在。他校生徒との繋がりも多い。

【ムツオ】

小学校時代はケンヤと並ぶツートップ。体は小さいが、陰湿で相手に精神的ダメージを与える言動で、他の生徒たちを支配していた。母親は露骨に「この子のことは好きになれない」と言う。元暴走族の義父との間に生まれた妹の朝御飯は作るが、自分の分は作ってもらえない、とよく不満を漏らす。三歳年上の兄の抑圧と暴力にも曝され、家庭では落ち着く場がない。

中学校では、小心者ですぐ拗ねるのをからかわれ、グループ内ではいじられキャラに成り下がっており、弱い生徒や教師にそのストレスをぶつける。

【シンジ】

二歳の時、母親が突然行方をくらまし、兄、姉は父の下で、本人は父の勤める鳶業の親方の家に五歳まで預けられて育つ。その後母親は子どもらを連れて、再婚と離婚を繰り返す。
　中二の三学期頃、母親は新たな男性と交際を始め、朝帰りが続いたため、子どもたちは夕食を食べられずに過ごした時期もあった。シンジは、母親が不在で寂しがる四歳の弟の面倒を夜遅くまで見ていて、遅刻・欠席が増えた。
　元レディース暴走族の母親は、暴力的でシンジ自身も絶対服従。シンジは早く働きに出て、家を離れたいと願っている。言語系のLDで漢字力は小一程度しかない超低学力である。母は非正規雇用で、まとまった収入がなく、兄と姉のアルバイトで家計を支えている。

【ユウマ】

　頭に血が上ると見境なく激しい言動をとり、結果として最も大きな罪を犯してしまうことが多い。母親は、新聞配達とコンビニとヘルパーのトリプルワーク。父親は存在感が薄く、すべて母親任せ。基礎的な学力は六名の中では一番定着している。ゲーム、DVD視聴で昼夜の生活が逆転し、昼前に登校する日が続く。教師の関わりを疎ましがり、相手をイラつかせたり、傷つけたりする言動が目立つ。

【ヒロシ、ツトム】

　一卵性双生児。小学校低学年の頃から母親が仕事で自宅に帰らない日が多くなり、運動会などの行事や学習参観以外は不在の「イベント母ちゃん」で、高学年の時は、ほぼ別居状態となった。父親はいるが、「子どもの遊び相手」と祖母は言う。中三の五月に正式離婚。母親のいない寂しさを兄弟で支え合ってきたが、困難さに立ち向かうエネルギーはほとんどなく、時に共倒れ状態。

3 シンジとユウマの孤立から再度グループ化へ（三年生）

二年生を終える時、三学期の崩れが大きかったシンジとムツオの生活をどう立て直していくかが当面の課題であった。そこで、三年生の学級編成では、全国大会出場を目標に部活には真面目に取り組んでいるケンヤとムツオを同じクラスにした。また、ムツオとのトラブルでグループからはじかれたユウマを、決して見捨てなかったシンジと同じクラスに配置した。そして、ケンヤは三年連続でK子先生が、シンジは二年続きでI先生が担任することになった。学級編成における彼らの組み合わせと、空き家への不法侵入で逮捕されたことをきっかけにケンヤ、ムツオ、ヒロシ、ツトムはシンジ、ユウマと距離を置くようになった。シンジとユウマは、学年集団からもドロップアウトし、ピアスの数と大きさは増大し、スマホの音量を上げて音楽を聴くなど服装と行動をますます先鋭化していった。ケンヤはそれが面白くなく、両者の関係は悪化の一途をたどった。

一学期中、シンジとユウマは、ほぼ毎日三時間目が終わる頃に登校し、授業に入らず生徒昇降口前のベンチで寝転がり、スマホをいじったり、音楽を流したりして過ごした。夏休みも終わりに近づいた頃、ケンヤとシンジの対立は、ＬＩＮＥでの罵り合いから高校生をも巻き込んでのケンカに発展し、シンジはケンヤに屈して謝罪した。二人はこれをきっかけに和解し、彼らは再び行動を共にし始めた。

二学期に入ると、ケンヤが揺れ出した。この揺れを我々学年の教師は、

・目標としていたジュニアオリンピックへの出場が叶えられなかった反動（目標を見失ったことと緊張からの解放）、

・やがて自立していくために、自分を支えてくれている我々への愛情確認のための行為である、

と分析した。

彼は様々な逸脱行動を繰り返したが、シンジやユウマたちとは少し距離を置いていた。担任のＫ子先生をはじめとする女性の先生方に優しく関わってもらい、私も粘り強く彼の揺れに付き合った。そして、「お前には、秀でた運動能力と陸上競技の実績がある。それで自分の人生を切り拓くこともできる。自分を見失うな！」と言い続けてきた。十一月には、スポーツ奨学生待遇で私立のＲ高校を受験することになった。

教職員の一部からは、「あんないい加減な授業態度や恰好、行動で推薦するのか」という批判もあったが、私は「ケンヤが自立していくために少なくともあと三年間、高校と名のつくところ

でまっとうに生活させる必要がある。そのためには、学力ではなく彼のもつ運動能力を生かしてこの高校に合格させるしかない。でないと、県立を落ちるか中退して有職・無職少年として地域をうろつき、後輩たちにも迷惑をかけることになる」と説得した。

十月、家裁の審判が下り、ユウマは余罪があったために保護観察処分に、ムツオは不処分となった。

4 進路にたいするそれぞれの苦悩

進路の見通しがいち早く立ったケンヤだったが、学校生活は相変わらずだった。そこで、R高校の陸上部の顧問にお願いし、練習生として土日のトレーニングに参加させてもらうようにした。本人もキツイと言いながらも休まず参加した。

隣町の軟式野球クラブで活動していたムツオは、そこの監督にH高校の監督に掛け合ってもらって推薦で入学できるかも、と甘く考えていた。しかし、全く推薦の対象にならず、浅はかな夢は立ち消えた。その頃から一層学習を投げ出し、授業にすらまともに入らなくなっていった。

シンジは、早くから鳶の仕事に就きたいと口にしていたものの、母親に「高校ぐらいは出とけ！」と言われ、I高校を目指すことになった。I高校は近年定員割れが続いており、入試は受験番号を書きさえすれば合格できる、と学習は放棄していた。最近やけに尖がっていて教師を寄せつけず、十分対話できないことが気になっていた。

ユウマは、毎朝シンジがユウマの家に立ち寄って一緒に登校していたが、十一月過ぎから「朝起こすと機嫌が悪い。しかも、オレには何も言わず、他の者にキレるからウザい」とシンジたちからそっぽを向かれはじめ、登校しない日が多くなった。母親は、学校で問題を起こすくらいなら、家でおとなしくしているほうがよいと言う。進路の三者懇談会には母親とともに参加したが、担任の助言にも全く耳を貸さず、「H高校しか受けへんからな」と言い切った。

双子の兄であるヒロシは、弟のツトムに私学への進学を譲ったが、自分の進路が定まらないことへの苛立ちと不安が大きく、落ち着けずにいた。ツトムはヒロシへの心咎めからヒロシの揺れに付き合っていた。

5 このまま卒業式を迎えるわけにはいかない

一月も半ばを過ぎると、かれらの行動は一層激化し、我々はその指導に追われた。「このままでは卒業式までもたない！」そんな緊張感が教職員集団の中に漂っていた。しかし、私には、卒業式までもちこたえるとか、後二カ月を乗り切るというような消極的な思いはまったくなかった。それよりもこのままでは、かれらが決して充足感をもって卒業していくことはないことへの危機感が大きかった。

そこで、学年部会を開いて、今一度かれらの行動の背景にある思いの分析とかれらの関係性の分析を行い、今後の方針を検討した。

《現状の分析》

・突出することでしか存在感を示せない。勉強はできない（捨てた）、取り柄（競技や部活などの実績）もない。この時期になっても進路の見通しが立たず、最後までツッパリ通すことでしかアイデンティティーが保てない。

・教室に居場所がない。受験期に入り、それぞれが自分の進路で精一杯になっていく状況下で、かれらが授業に入らないことをそのまま善しとしている。他の生徒のかれらへのまなざしに共感はなく、排除でしかない。

・学校、教師への不満、不信感あるいは教師を試しにかかっている。最近、シンジとユウマは尾崎豊に傾倒し、「卒業」「十五の夜」を好んで聞いている。これは、学校・教師・おとなを敵視し、闘うことへの共感と受け止められる。教師・おとな不信はユウマ以上にシンジの方が根深いのではないか。

《仮説および方針》

①今までかれらに寄り添ってきたつもりだが、ここまで来て、かれらから信頼を勝ち得ていな

いとするならば、まず、それを最優先課題とする。
②かれらに寄り添うとは、かれらの苦悩に共感し、その原因となる目の前の現実と闘うよう励まし、支援することである。最も苦悩しているのはシンジである。I高校を受検すると言っているが、果たして彼の本心はどうなのか？ 彼の一番の苦悩は、絶対服従の親子関係のなかで、自分の希望する進路であった鳶の仕事への道が閉ざされ、I高校に方向づけられたことに対してではないか。
③シンジにとって自立のために今乗り越えるべき壁は、本人が就職したいという願いを母親の前で吐露することである。そして、その願いに基づいて我々教師が母親を説得すること。
④全力を挙げて、彼の就労先を確保すること。教師が自分のために奔走する姿を見せることは、シンジからの信頼を得ることに繋がるはず。
⑤そして、そのことは、ムツオやユウマ、ヒロシをも自分の進路（一応高校進学＝この三人には十五歳で働く覚悟はない！）に向けて、突き動かす原動力となり、この閉塞状況を突破する糸口となるのではないか。

《個別の具体的方針》

シンジ……鳶業に就労させる。そのために、卒業まで週三日程度就労体験に参加させる。残りの二日間は学校に登校し、就労に必要な学習を教師の支援の下におこなう。

ムツオ、ユウマ、ヒロシ……高校進学を目指させる。高校受検のため空き教室での基礎学力の学習支援をおこなう。

ケンヤ……高校生活に適応するための訓練として、教室で頑張らせる。また、引き続きR高校陸上部での練習会に参加させる。

《シンジを就労させる取り組みの見通し》

①シンジの本心の確認と自分の口で母親へその思いを伝えるよう励ます。

②三者懇談で母親を説得する。同時に就労体験へ参加させるための学校長の説得と市教委の承諾を得る。（学校長から）

③就労体験に参加させるために必要な書類を整える。通勤途上と仕事中の事故に対しての保護者責任の確認書も作成しておく。

④就労体験先（＝就職先）の確保。

⑤登校時の学習プログラムとタイムスケジュール（日課）の作成。

⑥全教職員への説明と合意形成および学年の生徒への説明。（オープンにする）

6　教育長との面談（二月十日）

前述の分析と方針を校長に提案した。校長は「前例がないからどこまでできるか分からんけど、一度市教委に掛け合ってみる」と弱気な返答。私は「市教委が難色を示したら、私が教育長に直談判する覚悟です！」と迫った。私の勢いに押されてか、校長はその日のうちに直接教育長に相談してくれて、翌日教育長が来校し、校長室で面談することになった。

教育長が出した条件は次のものだった。

①本人と保護者の就職への強い志望があること。四月一日からの就職に向けて、その事業所での職業体験という形をとること。

②事業所への丸投げではなく、体験は週二～三日にして、その間学校でフォローの学習をおこなうこと。

③保険の適用がないので、保護者責任で対応するという同意を得ておくこと。

この三つの条件の下でなら、あとは校長が判断してよろしいと言ってくれた。「これはキャリア教育としての扱いですか？」と私が尋ねると、教育長は「いや、むしろ特別支援教育のプログラムやな。ともかく他の保護者や地域から説明を求められた時、学校としてこういう特別プログラムの下でやっています、と言えるようにしておいてくれ」と答えた。校長あがりで、若い頃は困難な生徒に寄り添った経験を持つ教育長の懐の深さに救われた思いがした。

7　この選択はお前の人生がかかってるんや！

(1) シンジとの対話（二月十三日）

「お前、十五で働く覚悟は本当にあるんやな」

シンジ「うん」

「明日の懇談で母ちゃんの前で、『高校へは行きたくない』『就職したい』この二言だけでいい、自分の口で言うんやで」

シンジ「わかってる…」

「でも、母ちゃん『はあ？　いまさら何言うてんの！』ってなるやろ。どうするねん？」

シンジ「…」

「母ちゃん怖いし、今まで、本意やなかってもそこで『うん』って言うてきたやろ。けど今度ばかりは怯むなよ。自分の思いを貫くんやで」

シンジ「先生、知らんやろ。帰ったら（母親に）ボコボコにやられるんやで」

「この選択は、お前の人生がかかってるんや。絶対そこで、引き下がるな。『うん』って言うな！　お前が引き下がったら、オレらが母ちゃん説得できひんやないか。オレらがそこで母ちゃんを説得したら、帰ってボコボコにされることないやろ。必ず説得したるから、引き下がらんと頑張れ！」

シンジ「わかった」

(2) 進路懇談会で（二月十四日）

担任のI先生に「自分が本当に進みたい進路は何やねん？」と誘導してもらって、シンジは、母親の前で「仕事がしたい」とハッキリとした口調で言った。母親の目つきが変わるかと構えていたが、母親は意外に冷静だった。

「うちもシンジが鳶の仕事したいってわかってたから、何とかしてやりたいと思って、知り合いをあたったけど、十八になるまでは車の免許もないし無理と断られたんよ。定時制に入れても昼間ぶらぶらさせておくわけにはいかへんし。それなら、とりあえず十八までは誰でも入れそうなI高校に行かせた方がええんちゃうかって」

「シンジ、お母ちゃんお前の本当の気持ちわかっててくれはったやんか。お前、本気で十五で働く覚悟はあるんか？」

シンジ「ある」

「ホンマやな！」

シンジ「ホンマや！」

「お母ちゃん、ここまで本気で働きたいと思ってるシンジを高校へ行かしてもあかんでしょ。万が一定員割れで滑り込んだとしても、長くは続かんのは分かっておられるでしょ」

母「分かってます。でも、実際働かせてくれるところはないし。ましてや、鳶の仕事となると……」

「先日、I先生に再度シンジの本心を確かめてもらったら鳶の仕事がしたいって言いましたんで、何とか探してみようとあちこち伝手を当たってみたんです。そしたら、教え子に鳶の親方をやってる奴がいまして、頼んでみたら『いいよ』と言ってくれました」

曇っていた母親の顔が一気にほころんだ。シンジはマスク越しだったが今まで見せたことのないような満面の笑みを見せた。

そして、四月一日から正規雇用してもらうための準備として就労体験に行かせることと、特別プログラムで個別の学習支援を行うことを提案した。本人も母親もぜひそうしてほしいということだった。

その夜、シンジはＬＩＮＥで繋がっている仲間に自分の心境を発信した。

先生達皆さん
お世話になりました
小学校の先生にも言いたかったな

俺ちゃんと進路決まったし
伊吹先生、Ｉ先生、Ｋ子先生、中学校の先生がた
本当にご迷惑をおかけしました
俺わこれから大きな一歩を踏み出します
大人の一歩です
ありがとうございます
どんだけ今感謝の気持ちでいっぱいかもう言葉じゃ伝えきれません
俺わこれから卒業に向けて俺にできる俺にしかできないことをします
だから先生応援していてください
頑張ります☆～(ゝ。∂)
俺の人生わここから

思えばシンジの今日までの人生は、母親の都合に振り回され続けた十五年間だった。このメッセージは、母親の支配からようやく自立への一歩を踏み出した彼の「自立宣言」ではないかと思えた。と同時に、この進路指導が単なる「出口指導」ではなく、ひとりの人間が自分の生き方を決定する指導、シンジにおいては彼がたった一度しかない自分の人生を自分自身の手に取り戻す

ための指導となった。

(3) 親方との顔合わせ(二月十八日)

教え子の親方に来校願い、シンジと母親、校長、I先生と私とが同席して、顔合わせを行った。その場で、校長から手を尽くして教育長の承諾をとり、就労体験に行かせることが可能になったことを重々しく伝えてもらった。母親は、就労体験中は頑張って弁当を作って持たせてやります、と言ってくれた。

8 それぞれの道で頑張ることこそがシンジへの応援メッセージだ!

二月二十日、ケンヤ、ムツオ、ヒロシの三人(ユウマは欠席)を集めて話をした。

「シンジのメッセージ読んだか?」と尋ねると全員がうなずいた。それぞれに応答していた。

「実は、シンジのメッセージをぜひ読んでみてって、シンジの母ちゃんが教えてくれてな。あの子こんなに一生懸命書いたの初めてやって。このメッセージ読んでめっちゃ嬉しかったんよ。それは、シンジがようやくお母ちゃんから自立して、自分の人生を自分で歩み始めるってメッセージに受取れたからやねん」

彼の就職を決めるまでの経緯とこれから始める就労体験と特別プログラムによる学習について

説明した後、次のように話を続けた。

「シンジが四月一日から正式に雇ってもらえるよう、仕事を覚えることがアイツにとっての受験勉強やし、みんなと違うけど取り出しで個別に働くために役に立つ勉強をすることが、今のシンジにとって本当の学習や」

ケンヤは、うん、うんと二回うなずく。

「あんたらには、あんたらの目指す進路があるやん。それに向けて今やらなあかんこともはっきりしている。でも、頑張りきれてないのも事実やわな。シンジは、覚悟があったからみんなと違っても自分がやりたい道を選んだ。選んだからには、しんどくても、朝早くても頑張って就労体験に行こうとしている。今のあんたらは十五で働く覚悟がないんやで、何としてでも高校受からなアカン！　だからクラスのみんなと一緒に教室で頑張れ！　でも、十五で社会に出て働くことは、シンジやあんたらが考えてるほど甘くはない。だから、いつかシンジにも『仕事やめたい』って揺れる時が来ると思う。だからこそ、あんたらは自分の進路を実現したら、次のステージで自分の目標に向けて頑張ってる姿を見せてくれ。そのことが一足先に社会に出たシンジにたいする応援メッセージになる！」

9 シンジの就労体験をオープンにする

翌日、両クラスの自分の授業のなかで時間をとって、シンジの就職についてオープンにし、理解を求めた。シンジのクラスで、「シンジの話なんやけど」と前置きすると、全員が前を向き、姿勢を正して話を聞こうとした。なかでも、シンジに唯一関わりを持ってくれていたカナミは、彼の就職に至るまでの経緯を説明するなかで「本心では働きたいと思っていても働き口が見つからず、母ちゃんの勧めで高校へ行くしかないとなっていた時のシンジはホントに尖がっていた」と話すと、大きくうなずいていた。

さらに「わざわざ時間をとってきみたちにここまで説明した理由は二つある。一つは、地域の人からシンジが学校にも行かず働いているという話が出るかもしれない。その時は、誤解のないようにきみたちからシンジのことを説明してあげてほしい。もう一つは、彼は自分の進路を実現するために、就労体験と特別プログラムの学習に一生懸命取り組もうとしている。きみたちはきみたちの進路の目標があり、その実現のためにやるべきことがある。これから受験する人にとっては、一時間一時間の授業がどれだけ大事な時間か。そのために既に進路の決まった人はどうすべきか。今一度考えてほしい」と話した。

授業が終わった後、カナミと話した。

「さっきのシンジの話のなかで、『お母ちゃんにI高校へ行けって言われて、そこへ行くしかないってなってた時のシンジは尖っていた』って話した時、うなずいてたやん。あの頃のシンジの心境って知ってたん？」

カナミ「うん、シンジのことはだいたい知ってた。シンジもうちには結構しゃべってくれるし」

「十四日の夜、シンジがＬＩＮＥに載せたメッセージ見た？」

カナミ「うちはまだスマホ持ってないからＬＩＮＥはしてへんけど、ヒロシに見せてもらった」

「あのメッセージ見た時どう思った？」

カナミ「シンジ、ずっと働きたいって言うてたけど、口だけじゃなくホンマに働くんやなって。それと、大丈夫なんやろか？　続くんやろか？　って少し心配もしてる」

「もっともやな。シンジの今までの生活ぶりからすると心配するわな。でも、先生は大丈夫なんちゃうかと思ってるんや。シンジには鳶職人になりたいって明確な目標と覚悟がある。それと、あのお母ちゃんの前で本気で『働きたい！』って口に出して言いよったんやで。シンジにとっては生まれて初めてちゃうか、お母ちゃんにたいして自分の意志を貫いたんは！」

カナミ、笑顔でうなずく。

「でも、実際現場で働くのはしんどいわな。だから、これからもシンジを支えたってな！」

その後、カナミはシンジが現場でのおとなとの人間関係や仕事のハードさを愚痴るのに付き合いながら、（仕事への不満に）共感はしないけれども、励まし続けた。

卒業式までのシンジの就労体験は実質五日間だけだったが、朝早くから母親が用意してくれた弁当を持って現場まで通った。Ｋ子先生は、彼が体験に行く日は毎日、朝御飯のおにぎりを作って駅で迎えてくれた。

三月十一日、彼らは涙と笑顔で卒業していった。

解説

「捨てられた」子どもを見捨てず、生きることをあきらめさせず

福田　敦志

1　繰り返される「捨てられた」体験を見つめる

「二歳の時、父親のDVが原因で母が姉を連れて家を出て」（ケンヤ）、「二歳の時、母親が突然行方をくらまし、兄、姉は父の下で、本人は父の勤める鳶業の親方の家に五歳まで預けられて育つ」（シンジ）。

奇しくも同じ二歳の時に、ケンヤとシンジは母親が兄弟姉妹のなかで自分だけを置いて出ていく、あるいは母親が出ていった後に自分だけが父親の下から離されるという出来事を体験している。この体験の意味するところを第三者の立場から見るならば、この子たちは母親に（シンジに至っては母親にも父親にも）「捨てられた」としか言いようのないものではあるが、果たしてケン

ヤとシンジ自身はこのことをどのように認識していたのであろうか。いやそもそも彼らは、自分自身を形成する一要素としてこの体験を引き受けることができていたのであろうか。

「捨てられた」という認識をしてしまうならば、自分は不要な存在であることを認めることとなり、そのことは今を生き、これからを生きていくねうちのない存在であると自分自身を見なしてしまうことにつながっていくであろう。このことを避けるために、ケンヤとシンジはおそらく無自覚的に自分は生きるねうちのある存在であることを、誰よりも自分自身が実感することを切実に求めてきたのではなかったか。

その実感を得るために彼らが選んでしまった行為は、暴力的に他人よりも強いという事実をつくりだすことであったろう。だがその行為は、規範意識なるものを徹底させようとする現代の学校をとりまく情勢においては彼らの排除を正当化するものでしかなく、結果として彼らは学校からも「捨てられる」こととなる。そのことは、彼らが求めてやまない願いが踏みにじられることを意味しているだけではなく、「誰も自分のことをわかってくれない」という孤独感を強化していくものでもある。

だが、彼らが幼い頃に体験した出来事について彼ら自身が認識することを避けていたとするならば、「自分のことをわかってくれない」のは他の誰よりも自分自身であったろう。なぜ暴力をふるってしまうのかを自分自身が理解できず、暴力をふるってしまう自分を自分が止められない事態が続いたまま、彼らは中学校に進学してきたかもしれないのである。

子どもたちが私的なグループを形成するとき、その構成員たちは似たような課題を抱えていることがよく知られているが、(注1)「母親は露骨に『この子のことは好きになれない』と言う」上に「義父との間に生まれた妹の朝御飯は作るが、自分の分は作ってもらえない」ムツオや、「母親は、新聞配達とコンビニとヘルパーのトリプルワーク」で働いているユウマ、「小学校低学年の頃から母親が仕事で自宅に帰らない日が多く」なり、「高学年の時は、ほぼ別居状態」となったヒロシとツトムたちがケンヤやシンジと関わりをもつことはある意味で必然であったであろう。

こうした子どもたちにたいして伊吹氏たち教職員集団は、彼らの入学に際し「生育歴を洗い出し、分析」を行って、「かれらを決して排除せず、とことん寄り添っていく」という指導方針を合意したのであった。伊吹氏たちの分析に現れている「愛着障害」という視点には疑義があるが、これ以上彼らに「捨てられた」体験を繰り返させないという伊吹氏たちの指導方針が的を射たものであったことは、「ケンヤの衝動的、暴力的行動は徐々に減っていき、学年全体も教師主導の下ではあったが、何とか秩序を保っていた」ことに鑑みるならば、一定うなずけるものであろう。

2　ケンヤからシンジへと実践の軸が変化することの意味

ただ残念なことに、ケンヤやシンジたちは中学校の最初の一年間だけでは、自分はこれからも生きていってよいのだという自分自身のねうちを実感するには至らなかったようであることは、簡潔に記述されている彼らの中学二年生の様子にも明らかである。それは伊吹氏たちがケンヤたちの入学当初に構想していた、「かれらの自立は愛着障害を克服していく過程のなかで育まれるものであり、その愛着障害の克服には親が果たしてくれなかった安全基地の役割を肩代わりする第三者の存在が必要」という指導方針の見直しが迫られたということである。

興味深いことに、このことに関して伊吹氏たちは、自分たちの実践の軸をケンヤからシンジに移動させるという選択をしている。この判断の意図するところは、下記のように推察されよう。

ケンヤは小学校時代からその暴力的な振る舞いと運動能力の高さで他の子どもたちにたいする影響力を最も発揮していた存在であった。中学入学後はそれに加えて他校生徒とのつながりの多さとも相まってその影響力は強いままであった。こうした影響力の強さの背後にあって、他の課題を抱えた子どもたちと共通する「捨てられた」体験を彼自身も克服しえていないという分析があったからこそ、当初の実践の軸はケンヤであったのであろう。

だが、ケンヤは小六の夏に母親と再会し、自身の「捨てられた」体験を見つめ直す機会に恵まれ、中学入学後は秀でた運動能力を生かしうる陸上競技に出会い、なおかつ尊敬に値する（＝ロールモデルとなりうる）先輩に出会ったことにより、自分のねうちに他の子どもたちよりもひと足早く気づき始めているように思われる。

他方でシンジは、母親から絶対服従を強いられ続けることによって自分のねうちのなさを引き続き強化されているばかりか、中二の三学期頃に母親が新たな男性と交際を始めて朝帰りを続けるようなな生活のなかにあり、またしても「捨てられた」体験をその身に刻んでいる。そのうえ言語系ＬＤを抱えていると思われるため、授業に出席すればするほど学習場面での劣等感を小学校入学以来感じ続けてきたかもしれない。こうした、生活においても学習においても疎外され続けているシンジは、進路選択が目の前の具体的な課題として浮上してくることで子どもたちの誰しもが自分のことで精一杯になっていく集団状況のなかで、最も苦しい立場に追いやられている可能性がある子どもであった。

そうであるからこそ、伊吹氏たちは実践の軸をシンジに据え、他の子どもたちの「自分のなかにいるシンジ」に出会わせることによって、突出した六人の子どもたちだけではなく、この学年の子どもたち一人ひとりを支えていく集団指導を展開しようとしたのだと考えられるのである。

3　課題としての集団指導とその可能性

しかしながら、ケンヤからシンジへの実践の軸の変更というきわめて説得力のある実践構想を描いていたにもかかわらず、伊吹氏のこの実践記録には集団指導の場面がほとんど記述できていないのはなぜだろうか。

もちろん、伊吹氏が学級担任を兼任しない学年主任であったという分掌上の制約はあった。このことを考慮に入れた上でなお、「この子らは、卒業させるまで私が責任を持ちます」と宣言した伊吹氏であればこそ、学級レベルでも学年レベルでも集団指導を模索していたはずである。だが現実には、シンジたちが中学三年の一月半ばの時点で、シンジたちには教室に居場所がなく、周りの生徒たちは「自分の進路で精一杯になっていく状況下」でシンジたちが授業に入らないことを「善し」としており、シンジたちに対する生徒たちのまなざしには「共感はなく、排除でしかない」という集団状況に陥っていたのであった。この状況は、指摘しづらいことではあるが、集団指導が十分には展開できていなかった証としてとらえざるをえないと思われる。

とはいえ伊吹氏は、集団指導を展開する手がかりをつかんではいた。たとえば、シンジとユウマが尾崎豊の「卒業」や「十五の夜」を好んで聞いていたという事実である。これらの作品は思春期の少年たちによる社会やおとなたちへの反抗や抵抗を表現しているという理解もできるが、歌詞をよく読んでみるならば、そこで表現されているのは支配からの解放であり、自由への渇望である。また自由を渇望しながら、自分たちが抱えている痛みをどう引き受けていけばよいのか、本当の自分にはいつ、どのようにたどり着くことができるのかと叫んでもいるのである。

翻ってシンジとユウマは、この作品の何に、どこに魅かれて「好んで聞いていた」のか。その内容を引き出し、語り合うような対話を伊吹氏たち教職員集団は行っていたのか否か。その対話を行っていたならば、彼らの叫びを生徒たちとともに考え合うことができるような集団指導をどのように構想しようとしていたのか。

受験直前の苦しい時期であったればこそ、尾崎豊の作品を借りて届けられる彼らの叫びは、周りの子どもたちにも届く可能性があったと考えるがいかがであろうか。

伊吹氏の実践記録には、上述したような集団指導を展開する代わりに、進路指導の一環としてきわめて特徴的な個人指導を展開したことが描かれており、その指導が集団指導として展開されようともしていたことが記述されている。この指導の先進性について、節を改めて考えてみよう。

4　教育と福祉の統一としての進路指導

シンジたちの中学校生活最後の二カ月をいかに充実したものにするか——この問題意識の下に伊吹氏たちは改めて彼らの現状に対する分析を行い、指導方針を練り直す。そこで合意されたシンジへの指導に関わる方針は、彼の「苦悩に共感し、その原因となる目の前の現実と闘うよう励まし、支援する」ことこそが彼に寄り添うことになることをふまえた上で、シンジ自身に母親の前で就職したいという願いを吐露させることであった。

これは母親の支配からシンジを解放するという方針であると同時に、養育者との関係を再構築して自立へと歩みを進めていく思春期の発達課題をシンジにも挑戦させるという方針であった。これは、誰とどこでどのように生きるかの自己決定をシンジに迫る厳しい働きかけであると同時に、伊吹氏たちがシンジを見捨てることなく働きかけ続けてきたからこそ生まれたであろう、「まっとうに生きたい」と願うシンジのなかの「もう一人の自分」に呼びかける指導である。この方針の達成に向けて、就職先の確保や就労体験と特別学習で構成されたシンジ専用の特別プログラムの構築を周到に準備していたことも特筆に値しよう。またシンジにたいするこの指導を彼の仲間や学年の子どもたちにオープンにし、いずれ予想されるシンジの「揺れ」の可能性を語りながら、子どもたち一人ひとりを励まそうとしていたものであったことも忘れてはならない。

このような進路指導に関わって、『新版 学級集団づくり入門 中学校』は子どもたちが「外部の力によって一方的に進路を決定されるのではなく」、彼らが「自己実現を求めて、進路を自由に選択し、共同してそれを開拓していくようにはげましていくことを原則とする」と謳っていた。さらにここでいう「進路を自由に選択」することについて、それは「限界状況とそのなかにある自己とを対象化し、そのなかで主体的に自己決定をおこなうことであり、自己の可能性を際限なく剥奪する限界状況を克服する」ことだととらえ、こうした「現実による限定と自己実現の試みとのたたかい」のなかでこそ、自由を手にすることができると指摘していたことを思い起こそう。(注2)シンジにたいする伊吹氏たちの個人指導はこうした原則を踏まえたものであると同時に、この実践を行政の立場から支えた教育長がいみじくも言ったように、一人ひとりの子どもの特別なニーズに応答する、言葉の本来の意味での特別支援教育の在り様を示したものでもあろう。

伊吹氏たちはこの実践を通して、シンジたちに「あなたも幸せを追求してもよいのだ」と伝え、それだけのねうちを十二分にもっている存在なのだと伝え続けていたのであった。それは、日本国憲法に描かれている幸せを追求する権利と生存する権利の保障の試みを、子どもたちの発達する権利を保障する試みと接続しながら展開した実践の一つの典型である。
ここには、中学校教育のロマンがある。この実践を繰り返し批判的に検討することをとおして、そのロマンを現実のものにしていきたい。

【注】
（1）船越勝他編著『共同グループを育てる――今こそ、集団づくり』（クリエイツかもがわ、二〇〇二年）一〇三頁参照。
（2）全生研常任委員会編『新版 学級集団づくり入門 中学校』（明治図書、一九九一年）四〇頁参照。

Ⅵ

「子どもの貧困」と向き合う教育

実践　波田 みなみ（高知）
解説　照本 祥敬

実践記録

龍と大介がいた三年間

波田　みなみ（高知）

1　大介の家の事情

大介は祖父母、両親、二人の弟と暮らしている。入学当初から大介の親と接触するなかで、父親は朝から酔って仕事をしない、母親は書類に記載する能力が低く、話し方も大変たどたどしいことなどがわかってきた。一学期の面談で、母親は「父親は、大介が三～四歳の頃から、仕事が年に四カ月程しかない」と語ったが、経済的に苦しい状況にあった。

七月二十一日の朝、夏休み恒例の学力補習（強制ではないが、特別な事情がなければほとんどの生徒が参加していた）に姿を見せない大介宅を訪問。身支度をする大介を待っている間、祖父と立ち話をした。

「自分たちは、昔は山の仕事をして、土地を買い、家を建てた。大介の父親にもしっかりしてもらいたいが、酒飲んでどうにもならん。自分たち夫婦は長年のチェーンソーでの仕事で腰を痛め、何回も入院しているし、年金暮らしなので援助できない。以前は一緒に住んでいたが、息子は酒を飲み、嫁はゴミ屋敷にするし、いくら言っても聞かんので、嫌になって離れを建てて住んでいる。お金のことでも困っている」と語った。

その晩と次の晩は、一年生の保護者の集まりがあった。この学校が凄まじく荒れた十年以上前から、保護者も何とか協力し合おうと、新入生の保護者が毎年取り組んできた「学年旗」の作成の集まりである。二晩とも、大介の母は最後まで参加してくれた。二晩目は、作業が終わっても帰ろうとしなかった。声を掛け、職員室でスイカを一緒に食べながら話を聴いてみた。母は、夜眠れないこと、頭痛がすること、夫が酒を飲んでろくに働かないことなどポツリポツリ一時間ほど話して帰った。そのなかで、「昨日、夫がこけて階段から落ちてしまった」(よくよく聞いてみると、夫のしつこさに思わず突き飛ばしてしまったということだった。私はこの状況を深刻に受け止めた）ことと、「自分は普通学級ではなかった」ということまで話してくれた。

実は、この日に関係五機関と小中学校が参加しての大介宅の第一回支援委員会が開かれていた。小一の三男の学用品が揃わず、学力面でも厳しい。母親も家庭での養育ができていない。保険証もない。父親は飲酒運転で子どもを迎えに来ることもある。子どもの体臭から、ネグレクトの可能性もあるなどと話し合った。母親は、去年まで三男が通っていた保育園の園長にはいろいろと相談していて、相談のなかに、夫が酒に酔って暴力を振るう等の訴えもあったとのことだった。

この日の晩にさきほどの母親の話を聞き、深刻な状態だと受け止めた私は、すぐに支援委員会に参加していた市の育成センター相談員のA先生（この学校の元校長）に連絡し、翌日一緒に母親と面談する約束を取った。

2　母の孤独　明日の米がない！

A先生と私で母親の話をじっくり聞いた。

・父親が二階に上がってくると言い争いになる。大介も一度「俺も疲れて帰ってきちゅうがやに静かにせえや！」と父を押さえつけたことがあったという。
・保険証は、保険料未納のためになくなり、今は「資格証明書」になっている。
・近所のツケがきく商店で食料を入手している。あちこちで酒代もたまっている。
・祖父母は孫にはお小遣いはくれるが、自分たちには援助がない。父の親族とも関わりがなく、自分の父は二歳の時に他界、母ももう亡くなっており、身内は弟だけ。
・去年までは、夫は暴れたり、奇声をあげて自分にも暴力を振るうこともあった。今も焼酎一升を毎日飲んでいる。

・去年までは保育園長に相談できたが、今は相談する人がいなくなった。

このような内容を、ポツリポツリと長い時間をかけて語ってくれた。

七月二十四日、改めて健康保険課の職員二名と私、母親で面談し、父母の無料検診を受けることと、父親を断酒会の人と会わせるよう勧めた。この時、大介は国から支給された「定額給付金」でゲームを買ったという話も出された。

七月二十七日、断酒会の方と福祉課の職員、A先生、私と母親で面談。しかし、この日は、「おかず代もないのに、夫から煙草をツケで買うてこいと言われた」ことで母親の頭の中は一杯らしく、断酒会の方の話は全く耳に入らなかった。

この頃から、私とA先生のあいだで、以下のようなことを話し合った。

・母親は一つのことで頭が一杯になると、他の話が入らなくなる。
・家事や整理能力が低い。服もたくさんもらっているが、整理ができないため、いつも同じ服を着ている。
・おかず代に困っていても子どもにジュースを買い与えるなど、常識的な判断や計画的な判断が苦手なようだ。
・こうした点を細やかに指導してくれる人が身近におらず、自分ではどうしようもなく困り果てている状況にある。

・今では一番に話ができるようになった私たちが身近な相談相手にならなければ、この先立ち行かなくなる。

七月二十八日、大介に「私も高三の時、父が酒に溺れて仕事にも行けんなって、とてもつらい思いをした。おとなになってからも、アルコール依存症の父の深夜徘徊や入院とかで、大変やったがよ」と、自分自身の父への失望やつらさを話した。そして、「大介もつらかろうが、絶対に手を出すな！　何かあったら近所の校長先生宅へ駆け込め！」と言った。大介は「父の暴力がひどかったのは、小三・四の頃。…父はおらんなったらいいとも思う。…母は一生懸命やってくれゆうと思う。…父を押さえつけた時は、自分はカッとなっちょった」など、言葉少なにポツリポツリ話した。そこで、私からの「お願い」として三つを提示した。

1　体が大きく力も強くなっていることを自覚して、絶対にカッとなっても手は出さないこと。
2　母親を支えてあげてほしい。
3　何か困ったことがあったら、いつでも相談して。

私は、身体が大きくなった大介が加害者になることも心配していた。

八月三日、A先生、私、母親の面談中に、今晩のご飯を炊いたらもう米がないことがわかった。援助してもらえそうなところを詳しく聞き出し、緊急の対策を練った。その後、母親との面談や支援会議を経て、私とA先生が母親に付き添い、生活保護の申請にこぎ着けた。福祉課の方も強力にバックアップしてくれ、父親と面談し、父親の就職にまでたどり着いた。こういう状況を「大介も次男も能力は高いのに、この家の環境では、能力が伸びん」と評論する教師もいたが、そんなことを百回嘆いても何の解決にもならないと思った。真剣にそう思い、子どもを伸ばすための道を模索して、周りのおとなができることをしていかなければ。父母にその力がないことがわかっていて何の手も差しのべないのも、また周りのおとなのネグレクトだ！　と強く反発を感じた。

3　龍も大変だった！

一方、龍の両親は彼が小一の頃から別居している。姉と弟は母のもとにいて、龍だけが暴れる父と同居している。「自分までいなくなると、お父さんは生きていけない」と龍。毎晩父が酒を飲み、飲んでは龍にからむ。近所に住む祖父が毎日夕食時から来て、祖父と酔った父との喧嘩も毎晩のようにある。祖父と祖母の問題、姉や両親の問題…と、次々と家族の波乱（警察沙汰になるケースも含め）が起こるなかで龍は落ち着かず、学校でキレながらも野球を続け、クラスのリーダーとしても頑張ろうとはしたが、安定はしなかった。

龍は、中学入学後、野球でも頑張っていた。小学四年から父や祖父とバンド活動にも参加していた龍は、一年生四月の個人面談では「父は前は大声で喧嘩したり、すぐカッとなってたけど、今は頑張って、料理もおいしい」など、いろいろと明るく語ってくれた。しかし、家庭で絶対に何かあるような、落ち着きのない言動が見られることもしばしばあった。そこで、家庭との連絡は「キレたらどうなるかわかからない」父親にではなく、同じ町内に住む母親と取った。龍は円形脱毛症になる時もあった。

六月十五日、落ち着きのない龍と話をした。父親をひどく心配しており、「肝臓の値が悪く、機嫌も悪い。帰宅後は風呂入ってから、すぐ飲む。ご飯も食べん。毎晩焼酎一升近く飲んで泥酔する。いつも僕が布団まで引っ張って寝かせゆうがで。以前、母は川へ飛び込もうとしたこともあった」などと話してくれた。

そんな龍が夏に書いた作文の題名は、「家族みんな大好き」。そう呼びかけなければ自分の存在が吹き消されそうな気持ちなのではないか？　と思うと、やりきれない思いになった。十月のクラスの「人権作文発表会」を、私は今まで語ってこなかった「思い」を語る会にしようと位置づけて取り組んだ。龍は、この作文を発表した。

女子のなかにも変化があった。小三の頃、女子数人で麗奈へのいじめをしていた美香が、今でも後悔しているという内容をクラスで発表した。事前に美香と麗奈の話し合いを設け、「思いをわかりあう」とはどういうことかを考えるきっかけにもした。

その後も、龍は度々キレた。文化祭のクラス劇の練習の時、黒板等を叩き回る龍と私は激突した。「先生らあに、俺の気持ちが分かるか！」と、くってかかる龍。学校や友達への不満を噴出させたが、次第に家庭の事情を話してくれた。「荒れる」時には、必ず家庭で何かが起こっていたのだ。

「ひそかに『父に苦しむ友の会』やらんかえ？」と、もちかけてみた。龍も大介も父親の課題に投げ込まれ、自分の生活に大きく影響を受けている。人の世話をすることも好きな龍は、「先生と三人で、こんなふうに雑談会みたいにしたら、あんまり話さん大介も、そのうち話し出すで」と応えた（しかし、実際に「無口な」大介と腹を割った話をするまでには、二年かかった）。

大介は一年生の夏に部活をやめ、何もやる気になれない感じであったが、二年二学期からは代表委員となり、文化祭のクラス劇では「龍馬」役を頑張った。（夏以降、頑として髪を切らない大介。そこで、私は「どうしても髪を切らんなら、いっそ文化祭まで髪を伸ばして龍馬役をするかえ？」と持ちかけてみた。文化祭が終わると、大介は自分からすぱっと短髪にしてきた）

小学校時代「恐い」と言われていた大介の表情が少し変わってきた。父は、二年二学期後半からアルコール依存症の治療をおこない、酒を断った。私は、家族の変化や友達の支えが、大介の変化につながってきたと感じた。

クラスには他にも、家庭にしんどい背景を抱えた健太と浩太兄弟、史成、ＡＤＨＤの友也ら気になる生徒がいる。友也にたいしては史成も健太、浩太も、時には龍もちょっかいを出す。友也をそれとなく守る体制づくりが必要だった。

4 「友達大好き!」な龍につなぎとめられる

二年生の一学期、龍は、女子集団にも「風穴」を開ける役割も果たしてくれた。麗奈は小学校での「出る釘は打たれる」経験から、集団の前面に出ないようにしていた。しかし、合唱コンクールでは、初めてリーダーとして前に出てクラスを指導した。自らも大きな声を出して、開放感にあふれていた。

「何が自分自身を変えたのか?」問うと、麗奈は「自分だけでなく、龍たちが一緒にリーダーとして頑張ってくれたから」と答えた。龍は一曲歌う度に男子を集め、輪になってミーティングをおこない、よくなった点もさらなる課題も的確に指摘した。「まだ声出せるろ? 下向くなや」など、男子のムードを高めていた。それを見ていた女子リーダーも、女子で輪になり、毎回ミーティングした。一年生当初はじゃんけんで負けた者が代表委員になっていた女子、前に出ずに硬直していた女子が、次第に伸びやかに活動し始めた。麗奈はその後、自分へのいじめを後悔していると書いた美香の作文に応える作文を書き、クラスで発表した。

麗奈たち「優等生タイプ」のリーダーや、大介、龍とも、しばしば「クラスのあの子分析・問題分析」をしていった。夜、私が職員室で仕事をしていると、龍はよくフラッと顔を出した。家庭でいろいろあったことを話し、話すことで気持ちが落ち着いてくると、クラスの子のことをあれこれと話してくれた。「史成かわいいがって。史成や大介って小学校の時、嫌がってる女子もいたけど、ホントは優しいがで」と、史成と愛犬とのエピソードを語ってくれることもあった。史成は一年生の頃、おとなへの不信感をもろに顔に出して、教師の指示に反抗する態度を見せていた。私と衝突することもあったが、龍からの情報も得て、私も「史成大好き」になり、史成もまた、可愛い笑顔を私に見せてくれるように変わっていった。小学校時代、裕子と奈月が〝ブラック〟で、みんなから恐れられていたこと、中学生になりずいぶん変わったこと、女子の「レズ疑惑」の噂をどう読むか？　など、さまざまな話をした。

ずいぶん後の話になるが、龍は、三年生の体育祭の折にリーダーの麗奈と奈月が衝突した時、必死で関係修復を図る私の相談役にもなってくれた。麗奈と奈月の二人とも大変苦しんでいるのに、解決の糸口が見つからず暗礁に乗り上げていた私が、龍の前で「二人の苦しみを解決できんのが、私も苦しいがよ…」と思わず泣いてしまったこともあった。私は龍には本音で素直に語り合える安心感をもっていた。しかし、龍は龍で精神的にとても不安定な状況にいた。そこで、代表委員をしていた大介に相談し、麗奈と奈月を中心にした女子の話し合いに入ってもらった。この時、大介は落ち着いて、静かな声で「二人ともお互いに考え直すべきだ」と発言した。いつもは無口な大介のこの発言をきっかけに、トラブルは解決に向かい、みんなで協力しあえるムードへと変わっていった。

また、クラスの女子十人のなかでバスケ部所属が六人いたが、しょっちゅう部内でトラブルがあり、いつも誰かが外されていた。この人間関係について、龍や麗奈と「何が原因か?」「誰が操作しているのか?」などを検討し、問題点を解明していくこともあった。

私は、四月当初から個人面談に一人四十分~一時間以上をかけて、小さかった頃の思い出や小学校時代のようす、一番信頼できる友達、家庭のようす、「好きなアニメは?」等の雑談を交え、できるだけ打ち解けた雰囲気で聞くようにしている。それは、ある時「生徒のことを全く分かってなかった!」と感じた私が、できるだけ生徒のことを知りたくて始めた取り組みである。この面談の初回から「先生、うちの親は離婚しちょって、お兄とは別に暮らしゆうことが寂しい」と語ってくれたやんちゃな男子や、「お父さんがお母さんに時々暴力振るう…」と泣き出した、普段は気が強く暴言の激しい女子もいた。このような面談や対話を重ねていくなかで、「困ったら相談しよう」と思ってくれる生徒が増えてきたようにも思う(思うようにならなかったケースも多々あるが)。

作文の指導で生徒と関わることも大きい。現在は国語教師が私一人なので、全校生徒に夏休み前に作文を書かせ、夏休みの時期も利用して全員添削指導をする。毎年、自分自身の生活や気持ちの変化を振り返って深いテーマで書いてくる生徒が何人かいるが、そんな生徒には、悩みをじっくりと聴きながら添削指導をしている。時には、お互いに泣きながら語り、聴くこともある。

たとえば、中三までしっかり者のリーダーで生徒会長を務めていた女子生徒がいた。彼女は、一学期にちょっとしたことをきっかけとして、教室に入れなくなり、自傷行為をするようになった。私は彼女の学年担当ではなかったので、市の研究発表でその学年の国語の授業を持つことにした。「ザ・俳句マッチ」と称した発表授業に向けて、彼女を実行委員に加え、授業の構想や授業（教室）に入らないADHDの男子への働きかけをどうするか？ など実行委員会で話し合っていった。授業を終えてから、教室のなかに居場所を得た彼女に「この体験を作文に書いてみいや」と伝えると、二十四枚に及ぶ作文を書いてきた。そこには、家族のなかの長年の軋轢（親のこと、長い間不登校になっている姉のこと、自分は「良い子」でいなければならなかったこと）も綴られていた。添削指導の過程で、私がさらに悩んでいたことを聞き取り、彼女は自分の気持ちを整理していった。書き上がった作文の内容を母親に伝え、彼女の思いを母親につなげることと、彼女がこの三年生の「クラスで思いを語る」第一弾になりクラスの子どもたちをつないでいくことが、私に残された仕事だと思った。母親に伝えたとき、母親は娘の思いを涙ながらに受け止めてくれた。また、彼女を皮切りにこのクラスでも思いを語り合うことができた。

長年取り組んでいる生活作文指導は、子どもたちのさまざまな生活背景や「思い」と出会う。電気量販店の支店長で働きづめだった父親が店の倒産でリストラされ、長女として父や家族を励ましていきたいという「思い」、長年やってきた漁師の生活が苦しくなり、弱音を吐く父や家族にたいする「思い」、父親を病気で亡くした後、必死で育ててくれた母親への「思い」、知的障害のある弟への「思い」…と、千人を超える生徒の「思い」と出会ってきた。

龍は、二年生の頃の作文で何度か「友達大好き」という内容を書いた。龍はいろんな人のよいところを見つけて仲良くなる才能がある。ぶちキレる度、学校や友達の不満をぶちまける龍だが、ひとしきり話を聞き、落ち着いてくると、友達の良さを語りだす。彼のお陰で大介や史成はクラスに居場所ができ、学校は登校しがいのある場になってきたように感じる。一年下の山ちゃんの居場所をつくった功績もある。山ちゃんは、独特の暗い表情で誰とも口をきかず、同学年で友達がいなかった。そんな子を放っておけないのが龍である。体育祭の応援のダンス指導で山ちゃんに明るく話しかけていくうちに、山ちゃんが笑顔を見せ始めた。そうなると「山ちゃんかわいい！」を連発する龍。その龍たちの前で、なんと山ちゃんは「一発芸」を披露するようにもなった。同学年の生徒とはまだ話ができない時期に、山ちゃんは三年の教室に毎日昼休みに招待され、三年生が山ちゃんを囲んで「山ちゃん一発芸コーナー」で大爆笑の渦となった。それからほどなく、山ちゃんは同学年の生徒とも話せるようになった。

5　しかし…ジェットコースター龍と、光が見えてきた大介

二年生の一月末に「高校生に学ぶ」授業に取り組んだ。それ以降、これまでは見せなかった授業への前向きな姿勢を見せ、頑張っていた龍。気分や感情がジェットコースターのように浮き沈

みする龍だったが、少しずつ振幅が小さくなってきた感じもあった。

しかし、二月に、カッとなって友也を叩いてしまう。その時も最初は不満ばかりを噴出させていたが、しばらく話していくと、龍の本音がぼろぼろと出てくる。「最近、お父が『お母とは縁を切る。お前も会うな』と言う。父と言い合いになって…。このまま、中学生活まともにできるがやろうかと思ったり、将来どうなってもええわと思ったり…。家庭が普通の家庭になって、ゼロに戻したい。耐えろうと思っても、耐えれん自分がいやや。何ちゃあええことがない。高校では寮に入りたいけど、自分がおらんと、父がよけい飲み過ぎる。けど、子どものために働いて、食事も弁当も作ってくれて、冷凍物はいっさい使わんし、酒さえ飲まんかったらええ父ながで…」。じっくり聞いていく過程で、やはりいろいろ起きていた出来事を語る龍。語り尽くしたら落ち着いて、友也にも素直に謝ることができた。

しかし、彼を取り巻く状況は厳しく、三年生の五月には、龍いわく「今までで最悪」な出来事が起きてしまう。深夜に父親と祖父が大喧嘩になり、父が大暴れした。龍も叩き起こされ、深夜に二時間も喧嘩を聞かされた。大声の怒鳴り合いに近所から警察に通報され、警官がやってくる騒ぎとなる。この一件が元で、ケース会議をもつ。

一方、三年生になってバスケ部に入部した大介。七月に提出した作文には「野球部をやめ、ダラダラと過ごしてきたけれど、このままじゃだめだとは思いながらも、自分がどうしたらいいのかわからず、何かしたいと思いながら過ごしていた。今から始めてうまくなれるか不安もあったが、健太・浩太が声を掛け続けてくれたので、『三年になり、変わりたい』と強く思い、バスケ部に入部した」と、その時の思いを書いてきた。

この大介の家庭への支援をどうするか。三年生の五月、A先生と一緒に、子ども手当をどう使い、どういう生活をして、どう大介の進路を保障していくのかを大介、母親と話し合った。母親がわかりやすいように、一つ一つ丁寧に話をしていく必要があった。大介を高校に行かせるためには今から準備が必要であり、父親も継続的に働かないといけないこと、何にどれだけお金がいるか、家庭がどんな支払いを抱えているのかを具体的に話し合い、A先生は、大介の高校入学と弟の中学入学までの主な支出計画書、子ども手当で支払うべきものの一覧表と支払い先ごとの封筒まで用意してくれた。子ども手当を引き出す当日は、母親と一緒に確認しながら仕分け作業をし、大介の進学費用の一部も貯めることができた（こうした支援を続けて、大介は無事高校入学を果たせた）。

ところが、そんな相談をして二週間後、電気が止められる事態になる。六月一日の晩、小中学校の教員、A先生、保健師さんと大介宅を訪問したが、母親は父や祖父母から「家から出て行け！」と言われ、パニックになっていた。

急遽、祖父母への応対組と父母への応対組に別れて、それぞれの言い分を聞くことにした。父親は片付けができない母親に怒り心頭で、私たちの前に中身が腐った鍋を突き出し、「これを見いや！　食べ物を余らせては腐らせ、そのままじゃ！」と奥に去ってしまった。パニック状態の母親には、A先生が付いて慰めてくれた。私と保健師さんは、奥にいた父親の所へ行き「お父さん、私らあも一緒に手伝うき、出て行けらあ言いなや」と話した。祖父母に応対した教頭と小学校の教員からは、祖母が「大介ら兄弟に『父母は別れてもいいと思うが、あんたらはどうか？』と言うと、大介が『受験の大事な今の時期に、そんな話はやめてほしい』と言い、私も本当に悪かったと、ハッとした」と話してくれたことを聞いた。「お母ちゃん、もう大丈夫でよ」と教頭が言うと、母親は私たちの前で泣き崩れた。

6 広がる大介家への支援体制と、落ち着かない龍

母親の片付けを支援するため、養護教諭のS先生が六月九日に家庭訪問してくれた。訪問したとき、母親は一人で片付けをしていたようで、いろいろと話しながら、一緒に作業したそうだ。母親は「頭が痛かったり体が重かったりで、仕事には行けるけど、片付けはできん」「父は東北に仕事を見つけたので、行く」などと話したそうだ。帰校したS先生の靴下は真っ黒になっていたが、母親はうつ状態ではないかと心配してくれ、スクールカウンセラーにもつないでくれた。この後、S先生が何度か訪問してくれるなかで、父母が大変世話になり、アルコール依存症の治療にも尽力してくれた方が、S先生と知り合いだったこともわかった。

さらに、保護者の集まりでもぽつんと一人ぼっちで、身近に相談相手もいない母親と保護者を

つなげようと取り組んでみた。母親に「誰と親しい？」とたずねると、唯一出てきたのが麗奈の母親のBさん。Bさんに声をかけてみると、大介一家のことはよく知っていた。母親へのサポートについて相談するなかで、「料理を作っておしゃべりする会」を開こうということになり、七月二十一日にS先生、A先生、私、Bさん、学年長のCさんで大介母がおしゃべりしやすい雰囲気の料理会を開いた。麗奈の祖母が大介祖母と親しいらしい。料理会で嫁の留守中に大介祖母を訪ね、「学校もこれから出入りすると思うけど、いやがったらいかんで」と話してくれたようである。

龍は三年生になって父親の元を飛び出し、母親の家から通ってきた。体育祭では、龍が応援団長として、大介は応援団員として頑張ったが、龍が不安定で、裕一を殴って学校を抜け出したり、キレ回るので周りも大変だった。

体育祭が終わった頃、龍が小学生に野球道具を売り、高額なやりとりがあったことが発覚した。教師と一緒に対応した母親にもキレ、父親への口封じのためか学校を飛び出し小学校に談判（怒鳴り込み？）に行った。一足先に小学校に到着していた教頭の「お前の家庭の大変さはよくわかっているから」の説得に、「俺のことは波ちゃん（私）にしか知られたくない！」と泣きながらはむかった。結局この件も、母親の最終判断で父親には知られなかった。この頃の龍はＡＫＢ握手会等に散財していた。私たちの心配する声を振り切って、野球推薦での私立高校合格をいち早く決め、クラスで一人だけ受験に向けてまともに努力しないままでいた。（能力主義的な教育方

針のこの私立校では一学期もたずに退学し、公立校へ再チャレンジすることになった)

7 しんどさを共有できる仲間に

最後の三学期、卒業を控え、「クラスで思いを語る会」に取り組んだ。その前に、一人ひとり全員と改めて語り合った。龍は「本気で語らんといかんと思うけど、語った後でみんなの態度が変わることが心配。けど、今まで語ってこなかった自分のことを思いきって伝えて、みんなの思いを返してほしいと思う」と決意し、「小さい頃の記憶は親が喧嘩しゆうところばかり。三人きょうだいの中で、『お父が一人ぼっちになるから』と一人だけ父についた。料理も次第に上手になって頑張ってくれる父だが、飲むと暴れて、家の中では勉強できんかった」と語った。また、いつも学校でピリピリしていた自分の側で和ませてくれた史也たちや、迷惑をかけ続けてきた友達への感謝の気持ちを語った。

「裕一には、俺がお父からされて嫌だったことを同じようにしてきた。裕一は一番俺を受けとめてくれると思っていたし、温かい家族に囲まれている裕一が許せないような気持ちもあった。裕一に当たることをしなければ、俺は参っていた」とも語った。

龍や大介たちと初めて「父に苦しむ友の会」の話ができたが、予想していた健太、浩太、史成たち以外にも、家庭で苦しんでいたという話が出された。「この場でなら本音で語り合える」という安心感が生まれ、全員が語り、語った仲間へのメッセージを交換し、「クラスが一つになれた」という思いが広がった。

さらに、自分たちの思いを後輩にも伝えようと、卒業式前日、全校で語る会（全校オープン・ハート）に取り組んだ。三年生は、後輩に引き継ぎたい思いを語った。

龍と同じ野球部だった正は、「ひじを傷めて降板した試合のベンチで涙が出てしまった。それを察知した部員の皆が『正を次の試合で活躍させるために、この試合を負けるわけにはいかない！』と必死で頑張ってくれた。そんなチームメイトに支えられて頑張ってこられた」と語った。麗奈は、一年下の「やる気のない」後輩たちとの確執のなかで悩み苦しんできたことや、その後輩たちへの思いを語った。大介は「自分は本当に行きたいところではない高校を受験して、合格したときは何の感慨もなかった。後輩には自分が本当に行きたい高校を目指して頑張ってほしい」とメッセージを送った。

解説

「貧困」に立ち向かう教師と生徒たち

照本 祥敬

1 子どもが生きている現実と向き合う――「貧困」の連鎖を断ち切るために

龍や大介が背負わされている「しんどさ」は際立っているようにみえる。では、かれらのケースはまったく特殊なのか？ そうではないだろう。生活の困窮、保護者からの虐待、地域社会からの孤立や排除といった「貧困」の連鎖に曝されている子どもは、突き出している問題の具体的様相は異なっていても、龍や大介の生きづらさに通じる過酷な現実を生きている。龍や大介は、貧困問題に苦しむ多くの子どもたちのなかの一人なのだ。

けれども、『大介も次男も能力は高いのに、この家の環境では能力が伸びん』と評論する教師もいたが、そんなことを百回嘆いても何の解決にもならないと思った」と波田さんが述べるように、多くの場合、学校は、こうした生活現実の一端を知ることはあっても、その全体像を把握することに消極的である。結果、貧困は〝見えない〟ものになる。

しかし、波田さんは、かれらの育ちの履歴や困難な生活の全貌をできるだけ具体的につかもうとする。そうするのは、かれらに必要な教育や福祉とはなにか、かれらが求めている指導や支援とはどういうものかを明らかにし、実践するためである。まず、この点に、貧困問題と正面から向き合おうとする教師の姿勢を確認することができよう。

では、どのように貧困問題に取り組んでいるのか。この点を、波田実践における集団づくりの展開にそって考えてみたい。

2 「しんどさ」を「思い」として聴き取る

困窮した生活の重荷に加え、アルコール依存症の父親との関係に苦しむ大介との対話（七月二十八日）の場面に焦点を当てよう。波田さんは、自身の父も酒に溺れ、つらい思いをした経験を大介に語りながら、大介を守るための三つの「お願い」を伝えている。このやりとりのなかで、大介は、父の暴力とその父への反感、母親をいたわる気持ちを「言葉少なにポツリポツリ」と話しだす。これまで一人で抱え込むしかなかった「しんどさ」を他者に語る主体となった瞬間である。

一人で抱え込んできた「しんどさ」を語りだすまでに、波田さんが大介の〈重要な他者〉となりえたのはなぜか。生活の再生に向けた母親、父親への的確な働きかけや支援がそうなる基盤にあったことはまちがいない。しかし、それだけではないだろう。注目したいのは、この教師の大介との向き合い方である。そこに、不遇な境遇にいる大介への同情的なまなざしや言葉かけはみられない。あるのは、大介がみずからの生き方をどう拓いていくか、その力をどうつけていくか、そのための指導や支援をどうするかを問いつつ、大介の語りを聴き取ろうとする姿である。

この姿勢は、龍との対話においても変わらない。「家族みんな大好き」という作文を書いた彼に「やりきれない思い」をもちつつ、だからこそ、「父に苦しむ友の会」の提案が示すように、生きづらい現実を語ることへと励ましていく。こうしたなかで、龍は、「このまま、中学生活ともにできるがやろうかと思ったり、将来どうなってもええわと思ったり…。家庭が普通の家庭になって、ゼロに戻したい。耐えろうと思っても、耐えれん自分がいやや。…」と、胸の奥にしまい込んでいた父親への複雑な思い、現在と将来の生活への不安や苦悩を語りだす。

なぜ、この教師は「思い」を語ることをこれほどに重視するのか。一つは、一人で抱え込まされている（抱え込むしかない、と理解させられている）「しんどさ」をみずからの言葉で「思い」として語らせることで、過酷な生活現実に押し流されそうになる自己との対話を励ますことにあるといえる。それは、誰かに話す（打ち明ける）ことで精神的（心理的）負担を軽くする、というような単純なものではない。波田さんは、「生活作文指導」も含めて、自分一人ではどうにもならない苦しさやつらさ、いまの自分の願いや希望を言語化し、こう生きたいと願う「もう一人の自分」と向き合うことへと励ましているのである。

いま一つは、こうした語りを聴き取ることのできる〈他者〉を獲得させようとしていることである。波田さんが大介の〈重要な他者〉となっていることをさきに指摘したが、実践はそこにとどまっていない。それぞれの「思い」を語り―聴き取るという関係性を学級集団のなかに築いている。また、そうすることで、貧困問題を「個人的な問題」「自己責任」の枠組み（呪縛）から解き放ち、自他の生活現実や生きづらさについて共に考えあう仲間や集団を誕生させている。この点を、波田実践の集団づくりの展開にそくして検討していこう。

3　波田実践における集団づくりの意義

「クラスのあの子分析・問題分析」では、龍や大介だけでなく、リーダーである麗奈たちも交えて、クラスメイトが抱える「しんどさ」をめぐる対話と応答を成立させている。そうするなかで、互いの生活背景と抱えている困難を共感的に理解しながら、いまある自分をどう成長させるのかを考えあう仲間集団を出現させている。

この仲間集団は、家族（親子）関係の変革を模索しつつ自分らしい生き方を探究する、という青年期の自立作業を励ましあう自助的な性格を強くもっている。それは、襲いかかる「貧困」の渦中に埋もれてしまうのではなく、自分らしく、よりよく生きる権利主体としてみずからの課題と格闘する当事者たちの連帯とみることもできる。だから、ここに集う教師と生徒たちは、「貧困」に立ち向かう当事者であると同時に、共闘する他者として互いの生活現実にも深く分け入る対話と応答を成立させているのである。

このように考えると、波田実践における集団づくりは、こうした自助的な仲間集団を誕生させつつ、この仲間として応答しあう関係を基軸にしながら学級集団の発展を追求しているということができる。生徒たちは、行事への取り組みも交えた三年間のなかで、自他の「思い」にふれながら、仲間としてつながる経験をかさねていく。「クラスで思いを語る会」は、その集大成だといえるだろう。

家庭でのしんどさを語り、応答しあう生徒たちの姿。「『この場でなら本音で語り合える』という安心感が生まれ」「『クラスが一つになれた』という思いが広がった」と、波田さんはいう。いうまでもないが、生徒たちの「安心感」や担任教師の「一つになれた」という思いは、生きづらい重圧からの心理的解放や心情的な一体感の高揚をさしているのではない。それは、互いを仲間＝共闘的他者として認めるがゆえに、自分が生きている現実と、これから生きたいと願う世界とを「思い」として語れる主体になるよう励まし、支えあう集団が出現したことを意味する。学級という制度空間のなかに、競争と排除の論理ではない、よりよく生きることへと励ましあう、その意味で互いにケアしあう〈社会〉が立ち現れたのである。

4　教師のしごと——反貧困の教育実践の位置と役割

ただし、波田実践がもつ価値は、学級における集団づくりの局面に限定されない。波田さんは、大介の家庭環境に絡めて、「父母にその力がないことが分かっていて、何の手もさしのべないのも、また周りのおとなのネグレクトだ！　と強く反発を感じた」と述べる。まちがいなく、この姿勢がこの教師の教育実践の原点にあるのだろう。

大介の家庭への迅速で的確な支援や助言、支援を分厚くするための専門諸機関との協働、母親の居場所となる保護者のネットワークづくり…と、これらの取り組みは、すべて大介と父母が必要としているものに根ざしている。子ども（と保護者）が人間らしく生きるために必要としていることから目を背けることは、「ネグレクト」にほかならない。こう考える波田さんは、教育と福祉の領域をまたぐ生活指導の実践を当然のこととして展開する。子どもたちの生きている現実がおとな社会のそうした取り組みを必要としているからである。

他方で、冒頭でも指摘したように、競争と管理が支配するような学校では、とりわけ貧困問題に苦しむ子ども（とその保護者）の「思い」や「願い」は届かない。そればかりか、こうした子どもは排除の対象とされやすい。かれらが他者や社会への信頼と自分や自分の人生への希望を育てるために、教師としてなにを大切にすべきなのか——波田実践が私たちに投げかけている問いである。

コラム

保護者との関係づくりの基礎・基本

加納　昌美

1　保護者との出会い方

子どもたちの言動には、「できない」と「やろうとしない」が混在している。しかし、教師は「できない」ことも「やろうとしない」ことだと思いがちである。視点を変える必要がある。子どもたちの「できない」と「やろうとしない」を見分けながら言動をとらえないと、頭ごなしの指導に終始し、かれらの成長を引き出せない。

子どもの言動の意味を理解するためには、保護者との関係を築くことが欠かせない。学校生活のなかで混乱のある子は、だいたい家庭でも同じだ。家庭では他の子どもとの関わりまではわからないが、良くも悪くも自分を素直に出しているから、保護者と話していて「そこは同じ！」となってくる。こうして保護者と一致できる点を増やしていく。その際、保護者とはあまり「生真面目」に話すのではなく、できれば多少の笑いが出るような雰囲気で会話する。おおよそ、子どものやることは可笑しなことなのだから。子どもをおおらかに、でも大切だと思うところはしっかり考えさせる、という視点を保護者と共有することで、一緒に子どもを育てようとする関係づくりの一歩を踏み出すことができる。

2 保護者の視点をもつ

家庭的な事情もあって、保護者の前と教師の前とで異なる様子を見せる子どももいる。保護者が精神的に安定していなかったりすると、保護者に心配をかけないように自分の気持ちを抑えつけているようなケースもある。そういう場合は、保護者の話をていねいに聞き、子どもの話も聞きながら、状況を的確にとらえられるように努める。ある程度まで理解できれば、保護者への必要な配慮もすることができる。なにより、子どもと保護者、教師で納得しながら、いろんなことを考えていくことができる。

子どもたちが見せる姿は、当然、保護者との生活のありようが深く関わっている。保護者も、さまざま現実の課題に直面して生きている。日々の慌しい生活のなかで、経済的に困難を抱えていたり、周囲の人間関係に神経をすり減らしていたりもする。

しかし、なぜか教師は、「学校」組織の中に入ると、「自分の仕事」の対象として保護者と向き合うことが多い。仕方ない面もあるが、〈おとな〉の一人として、子どもの成長をゆったりと見守ろうとする姿勢も大事だろう。そうすると、保護者の目線に近づける。指導や家庭での対応をめぐって教師と保護者が一つでも多くの視点を共有できればよい。そうやって前へ進んでいこう。

3　保護者の「事情」に目配りする

保護者と関わるなかでよく困るのは、管理職や学年の同僚教師とうまく話が合わない時だ。「もっと保護者にしっかりしてもらいなさい」という声をよく聞く。とくに管理職は、保護者とのトラブルを避けたがる。そのため、保護者をうまく「丸め込む」よう要請されることもある。

しかし、そう簡単にはいかない。

その一方で、保護者のなかにも、強引な言い方や荒っぽい言葉を使う人もいる。だから、相手の真意がよくわからず、表面的な判断でネガティヴにみてしまう。実際、保護者と話していて嫌な気分になってしまうこともある。

しかし、保護者にしても、そうそう学校の言う通りにできないこともある。それに、やはり責められたりすると、誰でも「守り」に入りたくなるものだ。いろんな事情から自分の不都合や不十分さを隠したくもなる。こうしたことも含めて了解できていればよいのだが、そう簡単に家庭や自分の事情を話してはくれない。まして、「面倒くさかった」とか「子どもに嫌われたくなかった」などとは言いたくない。保護者も「学校」に対峙するときは、どうしても構えてしまうものである。

4　同僚との関係を重視する

こういう点をふまえて、ふだんから同僚との関係づくりをすすめることが大事だ。「保護者の責任」の一言で終わらせないように、保護者の生活ぶりや子どもの家庭での様子について学年の教師間で日常的に話し合う機会を持ちたい。そうすることで、保護者への見方がすこしは柔らかくなるだろう。困難な状況にいる保護者への対応の仕方を一緒に考える足場にもなる。教師も困った時には、「困った」と相談しあおう。保護者との関係に限らず、困ったときは一人で抱え込まず、積極的にヘルプを求める。互いにヘルプを出し合うことで、同僚との良好な関係が築かれていくことが多い。

いずれにしても、保護者や家庭の様子を同僚と話し合う場を意識的に作ることで、保護者との向き合い方を柔らかいものにしていける。保護者との出会い方、連絡の仕方、面談の仕方などの共有も可能である。「子どもと保護者を尊重する」という姿勢が基本としてあれば、教師なら多少難しい壁があっても繋がることができる。教師としてできること・できないことがあるが、保護者が学校に何を求めているのかを同僚と一緒に考えていくことが最も大切だと思う。

あとがき

本巻に収められた五つの実践記録とその解説を読みすすめていくと、子どもと保護者がいかに厳しい現実を生きているのかが鮮明に浮かび上がってくる。とくに河瀬実践、伊吹実践、波田実践では、経済的困窮や生活の不安定に由来する問題が複雑に絡みあうなかで「子どもの貧困」が生み出されている実際をはっきりと見て取ることができる。また、藤原実践、加納実践にしても、貧困に直結した困難や課題が前面に出ているわけではないが、これまでの「学校」体験や交友関係におけるつまずきを抱えて苦しんでいる子どもたちが多く登場する。こうした生きづらい状況は「自己責任」を押しつける新自由主義の市場原理、競争原理の徹底によってもたらされている、と私たちは考える。

どうすればこの状況を変えられるのか。そもそも「自己責任」とは何なのか？　私たちはどこまで、この「自己責任」を問われるのか？　湯浅誠の〝溜め〟の概念（『反貧困――「すべり台社会」からの脱出』岩波書店、二〇〇八年、七八―七九頁）を手がかりに考えてみよう。

〝溜め〟とは、溜池の「溜め」をさす。大きな溜池があれば、多少の日照りが続いても田畑を潤し、作物を育てることができる。逆に溜池が小さければ、少々の日照りでも田畑が干上がり、作物は枯れてしまう。このように、〝溜め〟は外界からの衝撃を吸収してくれるクッションの役割を果たすとともに、そこからエネルギーを汲み出す諸力の源泉となる。

私たちが生きていくうえで〝溜め〟の機能をもつのは、まずは生活上の必要をカバーできるだけの金銭であるが、これ以外にも、有形・無形のさまざまなものがある。頼れる家族や友人の存在は、人間関係の〝溜め〟になる。自分に自信がある、自分を大切にできるというのは、精神的な〝溜め〟になる。

新自由主義の「自己責任」論は、〝溜め〟を考慮しない。人間的な暮らしを営むための経済的条件、家族や友人とのつながりや社会とのかかわり、自分にたいする信頼や将来への見通しなどにはお構いなしに、「自助努力」によって競争社会を生き抜いていくよう迫る。これでは、他者や社会とともに平和的かつ自分らしく生きていく課題を主体的に引き受けることや、そうしながら自分自身にたいする責任を果たしていくことは困難である。格差の拡大という面からみても、そうするための社会的条件があまりに脆弱だからである。

ではどうすればよいのか。教育実践の課題に引きつけて、〝溜め〟をつくりだすことの重要性を指摘したい。

自分が生きる世界をゆたかなものにしたいと願いながら、子どもたちは日々一生懸命に過ごしている。けれども、この願いの実現を阻むさまざまな困難のもとで身動きが取れず、自分を傷つけたり、周囲に否定的、攻撃的にかかわったりすることを余儀なくされてもいる。だからこそ、困難さを軽減し、衝撃の強さを吸収してくれる〝溜め〟をつくりだす必要があるのだ。

保護者集団や福祉の分野で働く人たちとの協働をとおしてセーフティネットを築くことは、必要不可欠な〝溜め〟である。また、日々の教育活動において、教師みずからが頼れるおとなとして子どもたちとかかわる。そうなれば、かれらは人間関係の〝溜め〟をもつことができる。もちろん、教師との関係に限らない。クラスメイトや仲間との友情や信頼関係を築いていくことは、かれらにとって重要な〝溜め〟になる。なぜ重要かというと、それが「外界からの衝撃を吸収してくれるクッションの役割」だけでなく、「エネルギーを汲み出す諸力の源泉」となるからである。自分にたいする信頼や希望は、信頼できる他者や集団と出会い、意味のある生活と学習を共同で創造する取り組みに参加するなかに育っていく。子どもたちは自他の思いや願いと応答し、互いの人格的自立を励ましあうような経験をかさねるなかで、絶えず自分の生きる世界をみつめなおし、社会の現実をとらえかえしながら、生き方をめぐる自分自身と社会とにたいする責任（課題）を主体的に引き受けられるようになる。

本巻の「まえがき」には、〈教育〉とは、だれもが人間らしくゆたかに生きていける社会への希望を若い世代に託すいとなみである、と記されている。希望を託すとは、ただ手渡すことではない。五つの実践が物語るように、希望を託すことができるのは、〈教育〉を通じて未来への希望を子どもたちと語りあい、人間的な社会の実現を追求する取り組みに能動的に参加している教師たちにほかならない。かれらに希望を託すことのできる教師であるために、まずは、〝溜め〟をつくりだそう。そして、これをできるだけ分厚くしていこう。それは、子どもたちの人間的な成長と発達、かれらの人格的自立につながる〝溜め〟であるばかりでなく、私たち教師が人間教師として生きていくための〝溜め〟でもあるのだから。

本巻は、主として中学校現場の教師を読者に想定しているが、大学の教職課程で学ぶ教師志望の多くの学生にも読んでもらえることを願っている。子どもたちが生きている現実をどのようにとらえ、どのような教師になろうとするのか――みずからの「教育」体験、「学校」体験と対話しつつ、〈教育〉についてじっくりと考えてもらえれば幸いである。

二〇一五年九月

照本　祥敬

編者・執筆者一覧

竹内　常一（たけうち・つねかず）編者
1935年生まれ。國學院大學名誉教授。全国生活指導研究協議会常任委員。竹内塾主宰。主著として『生活指導の理論』（明治図書、1969年）『教育への構図』（高文研、1976年）『子どもの自分くずしと自分つくり』（東京大学出版会、1987年）『竹内常一　教育のしごと　全5巻』（青木書店、1995年）『教育を変える』（桜井書店、2000年）、『読むことの教育』（山吹書店、2005年）『今なぜ教育基本法か』（桜井書店、2006年）などがある。

照本　祥敬（てるもと・ひろたか）編著者・Ⅰ章・Ⅵ章解説
1960年生まれ。大阪市立大学大学院文学研究科後期博士課程満期退学。中京大学教授。日本生活指導学会理事。全国生活指導研究協議会常任委員。主著として『おとなと子どもの関係を再生する条件とは何か』（あゆみ出版、2000年）『アメラジアンスクール―共生の地平を沖縄から』（編著、ふきのとう書房、2001年）『〝競争と抑圧〟の教室を変える―子どもと共に生きる教師』（共著、明治図書、2007年）など。

加納　昌美（かのう・まさみ）編著者・Ⅳ章実践記録・Ⅵ章コラム
1954年生まれ。1977年より東京都公立中学校に勤務。全国生活指導研究協議会常任委員。担当教科は美術。著書に『中学生活指導の最前線』（日本書籍新社）などがある。

伊吹　望（滋賀県公立中学校教諭）Ⅴ章実践記録
河瀬　直（埼玉県公立中学校教諭）Ⅲ章実践記録
栗城　利光（埼玉県公立中学校教諭）Ⅳ章コラム
柴坂　和彦（広島県公立中学校教諭）Ⅱ章コラム
高橋　英児（山梨大学大学院准教授）Ⅲ章解説
波田　みなみ（高知県公立中学校教諭）Ⅵ章実践記録
福田　敦志（大阪教育大学准教授）Ⅴ章解説
藤井　啓之（日本福祉大学教授）Ⅳ章解説
藤原　洋（岩手県公立中学校教諭）Ⅱ章実践記録
山本　敏郎（日本福祉大学教授）Ⅱ章解説　〈五十音順〉

全生研（全国生活指導研究協議会）
1959年に結成され、50有余年の歴史を持つ民間教育研究団体。
英文名は、The Japanese Society for Life Guidance Studies.
全国の支部を基礎に小・中学校の教師を中心に研究者も交えた実践交流と研究討議を積み重ね、夏の全国大会の「大会基調」による研究運動方針は、ひろく日本の教育課題を反映したものである。機関誌は『生活指導』（高文研）。
ブログ http://ameblo.jp/zenseiken

シリーズ教師のしごと第3巻
生活指導と学級集団づくり 中学校

●二〇一五年一〇月 五 日——第一刷発行
●二〇二一年一〇月 一 日——第三刷発行

編著者／照本 祥敬・加納 昌美

発行所／株式会社 高文研
東京都千代田区猿楽町二—一—八
三恵ビル（〒一〇一—〇〇六四）
電話03＝3295＝3415
https://www.koubunken.co.jp

印刷・製本／シナノ印刷株式会社

ISBN978-4-87498-579-3 C0037